Heribert Rau

Mozarts Italienreisen

Eine prosaische Biographie in vier Bänden - Band 2

EUROPÄISCHER
HOCH
SCHUL
VERLAG

Rau, Heribert

Mozarts Italienreisen
Eine prosaische Biographie in vier Bänden - Band 2

ISBN: 978-3-86741-401-2

Auflage: 1
Erscheinungsjahr: 2010
Erscheinungsort: Bremen, Deutschland

Bei diesem Titel handelt es sich um den Nachdruck eines historischen, lange vergriffenen Buches aus dem Verlag Meidinger, Frankfurt a. M. (1858). Da elektronische Druckvorlagen für diese Titel nicht existieren, musste auf alte Vorlagen zurückgegriffen werden. Hieraus zwangsläufig resultierende Qualitätsverluste bitten wir zu entschuldigen.

Mozart.

Ein Künstlerleben.

Cultur-historischer Roman

von

Heribert Rau.

Zweiter Band.

Frankfurt a/M.

Verlag von Meidinger Sohn & Comp.

1858.

Inhalt.

II. In Italien.

(Mozart's Jugend.)

Signore Carlo Broschi.

Ein schöner Märztag des Jahres 1770 goß sein Son= nengold über die reichgesegnete Comarca di Roma, auf die der Himmel in seinem reinsten und tiefsten Blau freund= lichlächelnd, wie auf ein Lieblingskind, herabschaute. Aber weniger freundlich erwiderte ihm das alte berühmte Bo= logna den so wohlgemeinten Gruß; denn es lag mit seinen Palästen, Kirchen und Klöstern, seinen schiefen Thürmen und seinem alt ehrwürdigen Universitätsgebäude — im ern= sten Sinnen über längst vergangene Jahrhunderte ver= loren — wie ein zu Stein gewordenes Spiegelbild des oberitalienischen Mittelalters da.

Namentlich trat damals dies charakteristische Gepräge dem Beschauer im Innern der Stadt entgegen, wie an dem großen viereckigen Markte, dem Platze des heiligen Petro= nius, den die alte Podesteria — der Sitz der früheren Herr=

scher — das Collegio dei Mercanti, der Dom und andere
im strengen Style des Mittelalters aufgeführte Gebäude
umgeben. Aber auch die Nebenstraßen waren damals noch
diesem Charakter so treu, wie in keiner andern Stadt der
Welt; und zwar ging dies so weit, daß selbst die Läden und
Buden der Gold= und Silberarbeiter, der Handwerker und
Krämer noch zunftartig neben einander lagen.

Was aber das finstere Ansehen noch mehrte, waren die
gemauerten Hallen, die sich an allen Häusern und durch
alle Straßen hinzogen und durch ihre schattenwerfenden
Säulen einen fast ängstlichen Anblick boten.

Große Marmortische, steinerne Fußböden mit breiten
Abzugskanälen, machten einst diese Hallen für den täglichen
Verkehr geeignet und geben noch heute, in ihren Trümmern,
der Gegenwart einen Beweis von dem vorsorglichen Ge=
meingeiste des Mittelalters, wie er, für das Volk bedacht,
aus der republikanischen Römerzeit hervorwuchs.

Auch über das ganze Leben und Treiben der Menschen
war noch ein mittelalterlicher Hauch gebreitet, der durch
die Menge der umhertreibenden Mönche und Geistlichen
aller Art wahrlich nichts verlor. Solche Gestalten waren
ja alte Bekannte der kolossalen Statue des Neptun — jenes
Meisterwerkes des würdigen Johann von Bologna —
die die große Fontaine des Petronius=Platzes schmückt,
und heute, wie vor hunderten von Jahren, schimmerten am
hellen Tage Lampen aus den finsteren Fleischhallen, — be=
wegten sich Menschen aller Gattungen, Alter, Stände und
Gewerbe an den alten, ernsten Gebäuden hin, — fuhren

langsam große, schwere, altmodische Wagen auf kleinen Rädern, vorn mit einer Zierrath geschmückt, die einer Schna-
belspitze der Fischerböte nicht unähnlich, zwischen den zahl-
reichen, engen Holzbuden des Platzes durch, in welchen alle
Bedürfnisse des Kleinhandels feil gehalten wurden.

Blumen- und Obstverkäuferinnen nahmen dabei ihre
Plätze an den Straßenecken ein; — Frauen mit Schleiern
über dem reichen dunkeln Haare gingen nach den Kirchen,
die Messe zu hören; — hier lagerten, dem göttlichen dolce
far niente huldigend, ganze Gruppen von zerlumpten Bett-
lern; — dort verzehrten Andere, in den kühlen Schatten
der Säulen gelagert, ihre Makaroni; — während quer
über den Platz eine lange Reihe jener spukhaften schwarzen
Gestalten langsam und feierlich schritt, die der Gesellschaft
der Misericordia angehörten.

Auch diese Gesellschaft — noch jetzt in mehreren Städten
Italiens bestehend — ist ein Erbtheil längst erblaßter
Jahrhunderte, aus den Parteikämpfen der adlichen Ge-
schlechter herstammend. Geschah es damals doch oft, daß
die bei den Gefechten Verwundeten ohne Hülfe, ohne Beistand in den Straßen liegen blieben; sei es, daß ihre Kampf-
genossen geflohen waren oder daß unbetheiligte Bürger Be-
denken trugen, ihnen zu Hülfe zu kommen und dadurch als
Anhänger einer Partei zu gelten.

Diese Noth, unter der Alle gemeinsam litten, führte zu
einer Maßregel, nach der man das Parteiwesen nicht auf
die Leidenden auszudehnen beschloß und sich verband, in jedem Hülfsbedürftigen nur den Menschen, nicht den Anhän-

ger dieses oder jenes Hauses zu sehen. So ward die Misericordia gestiftet. Fand man nun einen Todten, einen
Verwundeten in den Straßen und gab eine bestimmte Glocke
das Signal, welches die Brüderschaft herbeirief, so warfen
diejenigen, welche ihr angehörten, ihre schwarzen Kutten
um, zogen die spitze Kaputze, die das Gesicht verhüllte und
nur für die Augen Einschnitte ließ, über, umgürteten sich,
hingen den Rosenkranz an ihren Gürtel, den muschelge-
schmückten Pilgerhut an den Arm, und eilten — auf diese
Weise dem Parteigetriebe unkenntlich — an ihre Pflicht.
So schwieg unter diesen düstern Hüllen der Kampf, so verband man sich, mitten im wilden Streite der Parteien, zu
milden Werken wahrer Menschlichkeit.

Und diese schöne Sitte ist nicht untergegangen. Noch
jetzt bestehen diese Misericordia und zählen ihre Mitglieder unter Bürgern und Adel. Sie bringen Leute, welche
in den Straßen verunglückten und ihren Beistand fordern,
in deren Wohnungen oder in die Lazarethe; sie tragen arme
Wöchnerinnen in die Hospitäler und Todte zu Grabe, und
aus den kleinen Beiträgen, die jeder Einzelne zahlt, sind
bereits verschiedene bedeutende Hospitäler erstanden.

Eine dieser finsteren, vermummten Gestalten war es
nun, die eben jetzt — von einem Leichenbegängnisse zurück-
gekehrt — die Schelle an dem Gartenthore einer herrlichen
Villa zog. Die Villa, augenscheinlich noch nicht sehr lange
gebaut, lag, eine kleine Strecke von Bologna entfernt,
vor dem sarragossaner Thore und zeigte schon in ihrer
äußeren Erscheinung von dem feinen und edlen Geschmack

ihres Erbauers. Freundlich, licht und luftig, wie eine zierliche Krone, erhob sie sich auf einem leichtanschwellenden
Hügel, die schlanken Säulen der Veranda wie üppige Blü-
thenstengel emportreibend. Oliven, Kastanien= und Gra-
natbäume, Pinien, Cypressen und Lorbeer umgaben und
beschatteten sie, und mischten, in reizenden Gruppen vereint, ihr verschiedenfarbiges Laub mit malerischer Schönheit. Zwischen dem Laubwerk und den Blumen aber prang-
ten kostbare Werke der Kunst: ein Perseus des edlen Do-
natello, das Haupt der Medusa siegreich in der erhobe-
nen Hand, — ein kühner Römer, die geraubte Sabinerin
auf dem nervigen Arme, von Johann von Bologna,
und ähnliche herrliche Schöpfungen der größten italienischen Meister.

O es war ein köstlicher Ort! man sah es ihm an, daß
hier ungewöhnlicher Reichthum und Kunstsinn ihre Tempel
aufgeschlagen; aber man fühlte auch zugleich, daß Ruhe
und Friede hier wohnen müsse. Ach! und Ruhe und
Friede — sagt eine edle Frau — sind so selten geworden
unter den Menschen, daß man ihren bloßen Anblick wie
einen Talismann zu betrachten gewöhnt ist, unter dessen
Schutz man alle wilden Wünsche, alles heiße Kämpfen der
eigenen Seele stellen möchte.

An dem äußeren Gartenthore dieser reizenden Be-
sitzung war es also, an welchem eben jetzt eine jener finsteren vermummten Gestalten der Misericordia die Schelle
gezogen hatte. Wenige Minuten später trat ein greiser
Diener aus dem Hause, schritt nach dem Gitterthore, öffnete

dasselbe und ließ die verhüllte Gestalt unter ehrfurchtsvoller
Verbeugung ein. Kein Wort wurde dabei unter den Bei=
den gewechselt, und erst als sie ein einfaches Gemach im
untern Stockwerke der Villa erreicht hatten und der Ver=
hüllte Anstalten machte, die schwarze Kutte abzulegen, sagte
der alte Diener, indem er jenem Hülfe leistete mit beschei=
denem Tone:

„Wenn mir irgend etwas in der Welt unbegreiflich ist,
Herr, ... so ist es Eure Betheiligung an der Misericordia. Ich will nicht sagen, Ihr seid ein reicher
Mann, denn das wäre am Ende kein Grund, um sich gu=
ten Werken zu entziehen; aber Ihr seid ein alter Mann,
der seine dreiundsechszig Jahre auf dem Rücken hat, und
da sollte ich denken, Ihr dürftet Euch Ruhe geben und diese
Strapatzen jüngeren Kräften überlassen.“

Der Angeredete, dessen schönes Greisenhaupt unter=
dessen unter der Kaputze hervorgekommen war, antwortete
nicht sogleich: er sah den alten Diener nur mit einem Aus=
druck unendlichen Wohlwollens an, während ein feines
Lächeln um seine Mundwinkel spielte. Aber das schien den
alten Diener zu ärgern, denn er runzelte die Stirne und
rief — das Gewand über den Arm nehmend — fast bitter:

„Sind immer die alten Streiche! .... meint wohl,
Ihr seid noch vierzig Jahre alt!“

„Nein!“ — versetzte jetzt gutmüthig, und über den
Zorn des Dieners lächelnd, der Andere — „nein Andreas,
das denke ich nicht, gegen solche Einbildung protestiren
meine steifen Glieder; aber, mein Freund, da du doch

immer von „Alter" sprichst, so sage mir einmal, wie viele
Sommer hast denn Du gesehen?"

„Das gehört nicht hierher!"

„Wie viele Sommer hast Du gesehen?"

„Nun denn: dreiundsiebzig!"

„Also" — fuhr der andere fort — „bist Du gerade
zehn Jahre älter als ich! Warum dienst du mir denn
noch und setzest dich nicht zur Ruhe? Könntest's ja auch dei-
nen alten Knochen gönnen; denn dein Vermögen würde es
dir erlauben, recht gut erlauben, deine alten Tage in der
behaglichsten Ruhe hinzubringen. Nun?"

„Gewiß, Herr!" — versetzte Andreas, und eine leichte
Rührung machte dem flüchtigen Unmuthe Platz — „gewiß
könnte ich meine alten Tage behaglich schließen; denn dafür
hat Eure unbegränzte Güte und Freigebigkeit gesorgt.
Aber doch wollte ich lieber noch auf alles verzichten, was
ich besitze, als meinen Dienst bei Euch aufgeben."

„Und warum?" — frug Jener.

„Warum? warum?" — wiederholte der Diener, und
man sah ihm an, daß ihn das Geständniß fast eben so pei-
nige, wie ein erstes Liebesgeständniß ein unverdorbenes
Kind. — „Warum? nun, weil ich Euch — wie Ihr ja selber wißt — als den besten Herrn und als den besten Menschen auf Gottes weiter Welt liebe und achte!"

Der alte Herr griff bei diesen Worten des Dieners an
seine Nase und machte das Zeichen des Zupfens.

Andreas zuckte die Achseln —: „Ich soll mich an der
Nase zupfen?!"

„Ja!" — versetzte gemüthlich der Herr — „denn sieh! wie du mir, trotz deiner dreiundsiebzig Jahre noch dienst, weil du mich liebst und obgleich du ruhen könntest; .... so diene ich junger Bursche von erst zweiundsechszig Jahren der Menschheit, weil ich sie liebe und obgleich ich auch ruhen könnte. Als ich aus Spanien hierherkam, mir hier, wie Cicero, ein kleines Tusculum zu gründen, und diese Leute, deren Gesichter ich nicht erkennen konnte, zum erstenmale sah und von ihrem edlen Berufe hörte, da hatte ich die Empfindung, als müsse ich mich tief, tief vor ihnen verneigen, zumal wenn ich aus der langen Kutte bald den mit Kalk und Staub befleckten, breitgetretenen Schuh eines Handwerkers, bald den blankgewichsten Stiefel eines vornehmen Herrn hervorgucken sah; oder wenn auf der Tragbahre feine, weiße Männerhände mit den schwielenvollen Händen des Arbeitenden wechselten. — Solch' ein persönliches, anspruchloses Helfen ist es, was der Menschheit Noth thut. Dabei prangen keine Namen in öffentlichen Blättern, es ist auch kein Orden dafür zu gewinnen und keine ehrenvolle Anerkennung in den Augen der Frommen und Heiligen. Unbekannt, ungesehen und verloren in der großen Zahl hilft Jeder, nicht mit Geld, auf das er vielleicht nur geringen Werth legt, sondern mit der eigenen Kraft, mit dem eigenen guten und edlen Willen, zu jeder Stunde und mit Aufopferung der eigenen Bequemlichkeit. Das Wichtigste dabei ist aber, daß jeder der reichen und vornehmen Theilnehmer dadurch bisweilen an das Schmerzenlager der Armen kommt, die Noth und das

Elend seiner unglücklichen Mitbrüder kennen lernt, und so=
mit fühlt, daß die gedrückte Menschheit ein Anrecht, eine
unabweisliche Forderung an seine Hülfe hat."

„O!" — sagte ergriffen Andreas, indem er seinem
Herrn mit Bewunderung in das von den edelsten Gefühlen
bewegte Antlitz sah — „das ist Alles wahr und gut und
schön; aber Ihr, die Ihr so viel für die Menschen gethan
habt und noch thut, — Ihr dürftet hier doch auch an Euch
denken. Ihr habt ja bis zum Augenblick trotz Eurer Jahre
an den Misericordia Theil genommen; überlaßt von
nun an wenigstens die persönliche Betheiligung jüngeren
Kräften."

Der Angeredete schüttelte das Haupt:

„Alter, ehrlicher Andreas!" — sagte er dann und
reichte dem ergrauten Diener die Hand:

„Das geht nicht! Schon um des Prinzipes willen, muß
ich dabei bleiben. Sieh', es giebt auf Erden viele schöne
und edle Unternehmungen .... aber nur wenige kommen
zu ihrer vollen, reichen Blüthe. Weißt du auch warum? ....
Weil so wenige Menschen den Muth und die Kraft haben,
sich daran persönlich zu betheiligen. Tausende glauben, es
sei genug mit ihrem Beifall oder einer kleinen Beisteuer
an Geld .... aber das ist nichts als Schwachheit, Selbst=
betrug oder Eitelkeit. Nur da werden und können große
Gedanken groß und mächtig in das Leben eingreifen, wo
sie bei Allen zur That werden, bei Reich und Arm,
bei Jung und Alt, bei Vornehm und Gering! ....

Aber" — setzte er hinzu .... „ich bin in der That etwas erschöpft. Ist Pater Martini da?"

„Ja!" — versetzte Andreas — „der ehrwürdige Vater arbeitet schon seit zwei Stunden in Eurer Bibliothek."

„So bringe mir ein Glas Lacrimae Christi und etwas zu essen dahin!" — sagte der Gebieter, Signore Carlo Broschi, und stieg die breite Marmortreppe hinauf.

Signore Carlo Broschi, genannt Farinelli, war einer der berühmtesten Männer seines Jahrhunderts. Von der Natur mit einer zauberhaft schönen Stimme begabt, die durch Kunst einen Umfang erhielt, der den gewöhnlichen um eine ganze Octave überstieg, und von dem berühmten Porpora gebildet, überragte er alle Sänger seiner und aller vorhergehenden Zeiten.

Schon im siebzehnten Jahre trat er in Rom auf, und man kann sich einen Begriff von der Herrlichkeit seiner Stimme machen, wenn man erfährt, welche Siege er hier in dem Theater Aliberti davontrug. Broschi hatte unter anderem eine Arie mit obligater Flötenbegleitung zu singen. Der Künstler, der die Flöte blies, war als ausgezeichnet bekannt: dennoch aber übertrafen die Töne des jugendlichen Sängers jene der Flöte an Reinheit und Zärte so sehr, daß ein stürmischer, nicht enden wollender Applaus Signore Carlo Broschi den Siegeskranz zuerkannte. Von nun an war sein Ruf gegründet und bald überstrahlte sein Name, selbst den eines Elisi, Gizzielli und Caffarelli.

Broschi, der unterdessen — da er ein Freund der Familie Farina in Neapel war und oft in deren Hause zu

singen pflegte — den Namen Farinelli erhalten hatte,
ging nun nach Wien, Paris und London und gefiel
überall, nicht nur durch seinen Gesang, sondern auch
durch sein anspruchsloses und liebenswürdiges Wesen
so ungeheuer, daß er unermeßliche Reichthümer zusammen
brachte. Da sollte plötzlich ein eigenthümliches Ereigniß
seinem Leben eine Wendung geben, und den, der bis dahin
nur Sänger gewesen, auch als Staatsmann bis zur welt-
geschichtlichen Bedeutung erheben.

Spanien war nämlich um jene Zeit in einer höchst
traurigen und bedenklichen Lage. Seine Regierung und
Gesetzgebung ging, dem Namen nach, allein vom Könige
aus, und doch war Philipp V. in einem Zustande, der die
Verwandten eines Privatmannes berechtigt haben würde,
ihm eine gerichtliche Vormundschaft geben zu lassen.

Brachte er doch die Tage im Bette zu, ließ Haare und
Nägel wachsen, beobachtete ein hartnäckiges Schweigen,
stand nur Nachts einige Augenblicke auf, um Nahrung zu
nehmen und war durch nichts in der Welt dazu zu bewegen, Theil an den Regierungsgeschäften zu nehmen oder
auch nur die nöthigsten Unterschriften zu geben.

Nur Musik und vorzüglich Gesang vermochten es
hier und da, ihn aus seiner an Wahnsinn streifenden
Melancholie zu wecken und auf Augenblicke zur Vernunft
zurückzuführen. Als daher Farinelli's Ruhm die Welt
erfüllte, kam die Königin von Spanien, die kluge und talent-
volle Elisabeth von Parma, auf den glücklichen Gedanken, diesen ausgezeichneten Sänger nach Madrid zu berufen.

Farinelli folgte dieser Einladung, da er sie schicklich=
keitshalber nicht ausschlagen konnte.

In Madrid angekommen, bewog ihn die Königin
gleich am ersten Tage in einem königlichen Gemache zu sin=
gen, welches an dasjenige stieß, in dem Philipp V. im
Bette lag. Und siehe da, die Wirkung seines Gesanges
auf den König war gleich anfangs so groß, daß dieser sich
bewegen ließ, aufzustehen, sich anzukleiden und an den Ge=
schäften Theil zu nehmen.

Von diesem Augenblicke an war Farinelli für die
Königin und für die spanische Regierung ganz unent=
behrlich, da Philipp V. nur dadurch, daß ihm Fari=
nelli jeden Tag einige Arien vorsang, dem Leben und dem
Lande erhalten werden konnte. Natürlich war Elisa=
betha von Parma's Dankbarkeit auch unbegränzt. Fa=
rinelli erhielt sofort einen Jahresgehalt von 14,000 spa=
nischen Reichsthalern, ein Palais als Wohnung, königliche
Küche, Keller und Bedienung, nebst einer Hofequipage und
überhaupt Allem, was zu einer wahrhaft fürstlichen Existenz
gehörte.*)

Was aber von nun an Farinelli's Namen einen so
schönen Klang in der Geschichte gegeben hat, ist der Um=
stand, daß er sich nicht nur als einen in der That treff=

---

*) Biographie universelle, ancienne et moderne. Paris. 1815.
Histoire de la Musique par Burney. — Lamberg: Mémorial d'un
mondain. p. 97. Ditter von Dittersdorf. Selbstbiographie. S.
110 u. f. — Schlosser: Geschichte des 18. und 19. Jahrhunderts.
Jahn: I. Theil 2tes Buch 195.

lichen Staatsmann zeigte, sondern auch nicht das Geringste
an seinem edlen, liebenswürdigen Charakter und seiner nie
genug anzuerkennenden Bescheidenheit einbüßte. Fari=
nelli mißbrauchte seinen Einfluß niemals, auch nicht unter
der Regierung des folgenden Königs Ferdinand VI.,
der wunderbarerweise eben so melancholisch als sein Vor=
gänger, und — wie dieser — nur durch Farinelli's
Gesang dem Leben und der Regierung zu gewinnen war.

Farinelli leitete daher unter zwei Königen — wenn
auch nicht officiell, so doch durch den Marquis Ense=
nada, der sein Geschöpf war, — die Regierung Spaniens.
An ihn wandten sich die Gesandten der fremden Höfe, ihm
schmeichelten die Regenten Europa's, an ihn schrieb selbst
die stolze Kaiserin von Oesterreich, Maria Theresia!
Aber Farinelli war auch nicht unthätig. Während er
als Director der durch ihn zu Madrid ins Leben gerufe=
nen, italienischen Oper diese zu einer glänzenden Höhe er=
hob, erhielten Manufacturen und Fabriken Ermunterung,
wurden Kriege geführt und Friede geschlossen, die Söhne
Elisabethens mit auswärtigen Reichen versorgt, und die
Wunden des spanischen Erbfolgekriegs so viel als möglich
geheilt. Aber die Königin fühlte auch, welche Stütze sie
in Farinelli habe. Sie selbst hing ihm das Ordens=
kreuz von Calatrava mit eigenen Händen um; überreichte
ihm das, in Diamanten gefaßte, Bildniß des Königs, und
gab ihm als Zeichen ihrer Achtung eine goldene Dose auf
deren Deckel zwei große Diamanten funkelten und die einen
Wechsel von 5000 spanischen Reichsthalern enthielt. Auch

der König von Frankreich hatte Farinelli schon früher
mit seinem in Diamanten gefaßten Bildnisse beehrt. Aber
auch die Wolken blieben nicht aus, die den Himmel selbst
des glücklichsten der Sterblichen manchmal verfinstern.

Wie wäre es möglich gewesen, daß ein Mann, wie
Farinelli, den das Glück von dem Stande eines einfachen Sängers bis zu den Stufen eines Thrones gehoben,
dem Neid und der Chikane hätte entgehen können. Dennoch zerschellten alle Intriguen an seinem edlen und schönen Charakter. Weit davon entfernt durch seine Stellung,
Auszeichnung und Macht stolz zu werden, entwaffnete gerade seine liebenswürdige Bescheidenheit seine ärgsten
Feinde. So bewarb sich einmal einer der mächtigsten
Grande lange Zeit vergeblich um einen Gesandtschafts-
posten. Obgleich nun Farinelli recht gut wußte, daß
dieser Mann sein ausgemachter Gegner sei, brachte er es
endlich doch bei dem Könige dahin, daß jenem die ersehnte
Stellung ward. Aber — sagte bei dieser Gelegenheit der
König zu Broschi — „wißt Ihr auch, Farinelli, daß
der Empfohlene Euer Feind ist und Böses von Euch redet,
wo er kann?" — — „Ja, Majestät!" — entgegnete Farinelli — „eben darum möchte ich mich auf diese Weise
an ihm rächen."

Ein anderesmal hörte Farinelli, als er sich gerade
zum Könige begeben wollte, einen Gardisten in einem der
anstoßenden Säle auf ihn schimpfen und raisonniren und
sich laut darüber beklagen, daß der König alle seine Gunst
lediglich auf einen elenden Musiker häufe. Farinelli

zog sofort Erkundigungen über den Schimpfenden und die wahrscheinliche Ursache seines Unmuthes ein. Da erfuhr er denn, daß der Mann seit dreißig Jahren diene, ohne jemals eine Beförderung erreicht zu haben.

Farinelli schwieg; als er aber aus dem Gemach des Königs trat, überreichte er dem unzufriedenen Gardisten ein Diplom, welches ihn zum Hauptmann ernannte. Man kann sich die Ueberraschung und Verwirrung des Mannes denken. Farinelli aber reichte ihm lächelnd die Hand und sagte mit der ihm eigenen Güte:

„Ein Gardist ist nicht vermögend genug, um die Kosten einer Hauptmannsequipage tragen zu können. Wir wollen dies also morgen beim Mittagessen, zu dem ich Euch erwarte, arrangiren!"

Solche Leutseligkeit, Güte und Freundlichkeit gewann denn auch Farinelli alle Herzen, und selbst als König Ferdinand VI. und seine Gemahlin im Laufe eines Jahres gestorben und König Carl III. den spanischen Thron bestiegen, konnte dieser Farinelli seine Achtung nicht versagen. Da dieser indessen fühlte, daß mit dem neuen Thronwechsel auch andere Prinzipien in Spanien eingezogen seien, zog er sich — ein ächt philosophischer Geist — von selbst zurück, und begab sich, unermeßlich reich und von der Königin als Erbe ihrer sämmtlichen Claviere, Flügel und Musikalien, die eine der größten derartigen Sammlungen der Welt bildeten, beschenkt, nach Italien zurück, wo er sich zu Bologna, wie wir wissen, ein Tusculum gründete.

Hier verlebte Farinelli nun in stiller glücklicher Zu=
rückgezogenheit und Ruhe die letzten Tage seines Lebens
auf die unsere Erzählung jetzt noch einige Streiflichter
werfen soll.*)

---

*) Ditter von Dittersdorf. — Histoire de la Musique
par Burney. — Biographie universelle, ancienne et moderne:
Tom. XIV. fo. 161.

Abenddämmerung und Morgenröthe.

Die innere Einrichtung der Villa Farinelli entsprach
der äußeren Erscheinung dieses freundlichen Tusculums
ganz. Den Eingang zu dem Hause bildete jene reizende
Veranda, von welcher wir schon gesprochen, und die, auf
schlanken, zierlichen Säulen ruhend, sich schon jetzt in eine
trauliche Laube von jungem Grün zu verwandeln anfing.
Schön gearbeitete Bänke und Tische erhoben sich einladend
zu beiden Seiten und verriethen, daß in den heißen Tagen
hier das Lieblingsplätzchen des schönen stattlichen Greises sei,
der so glücklich war, diese Villa sein Eigenthum zu nennen.

Durch die Veranda trat man in einen geräumigen
Saal, dessen Wände aus weißem Marmor die Büsten der
hervorragendsten Männer des Römerthums schmückten.
Das Ameublement war in antikem Style gehalten und be-
kundete durch seine gediegene Einfachheit und Ueberein-

stimmung mit der architektonischen Ausschmückung des Ge-
maches den edlen und feinen Geschmack des Besitzers. Im
gleichen Style hielten sich sämmtliche Gelasse des Erdgeschosses. Sie hätten in der That einem römischen Kaiser
— einem Trajan — Ehre gemacht.

Ganz anders dagegen war das zweite Geschoß der Villa
Farinelli gehalten. Dienten die Säle und Gemächer
des Erdgeschosses, hochgestellte Freunde und Besuche zu
empfangen, so bildete der obere Theil des Hauses die stille,
behagliche, an vielen großen Erinnerungen reiche Wohnung eines großen Künstlers und Philosophen.

Auch hier befanden sich, aber auf den beiden Flanken
des Hauses, zwei geräumige Säle, von welchen der eine
die weltbekannte musikalische Bibliothek Farinelli's
— dies kostbare Erbe der Königin von Spanien — enthielt; während in dem anderen alle die Claviere und Flügel
aufgestellt waren, die dieselbe freigebige Hand dem Retter
zweier Könige als Zeichen des Dankes und der Achtung
verehrt. Außer diesen Clavieren und Flügeln aber, von
welchen jedes den Namen eines großen Malers, wie
Raphael, Correggio, Titian, Guido u. s. w. trug,
befand sich noch ein höchst merkwürdiges musikalisches Instrument hier, das indessen in dem sorgfältigsten Verschlusse
ruhte. Es war dies die Lieblingsvioline Farinelli's
— von ihm Viola d'amour genannt — ein Meisterstück
des berühmten Cremonesen Amati aus dem 16. Jahrhundert.

Die Wände dieses Saales schmückten übrigens vortreff-

liche Gemälde der italienischen und spanischen Schule, unter
welchen sich auch die lebensgroßen Bildnisse König Phi-
lipps V. und Elisabethen's von Parma befanden.
Die weitere Ausstattung zeigte einen allseitigen, die größte
Behaglichkeit athmenden Comfort. Zwischen diesen beiden Sälen endlich lagen die Wohn- und Schlafzimmer des
Hausherrn. Aber, dieser Hausherr war schon seit Jahren
nicht so ganz allein, als man vielleicht denkt. Er — der
in seinem ganzen vielbewegten Leben ein Schooßkind des
Glückes gewesen — war dies auch im Alter noch; denn er
besaß — was anderen Sterblichen meist nur in den schönen
poetisch-schäumenden Jahren der Jugend und Tausenden
gar nicht wird — einen edlen, ganz gleichgesinnten, herrlichen Freund. Dieser Freund aber, nur ein einziges Jahr
jünger als er selbst, war der gelehrte Franziskaner Johann Baptist Martini, Italiens größter Contrapunktist, das Haupt der weltberühmten philharmonischen
Gesellschaft zu Bologna, der angestaunte Auter des Werkes
„Saggio fondamentale prattico di contrapunto." dem
selbst Friedrich der Große — in Anerkennung der
ausgedehnten Verdienste, die sich Martini um die Musik
erworben — sein in Brillanten eingefaßtes Bildniß nebst
einem eigenhändigen sehr verbindlichen Schreiben zugesandt
hatte.*)

Wilhelm von Balle: Antologia romana. — Journal dei
Litterati von Pisa 1785. Scrittori Bolognesi. 5. p. 342 sq — Me-
moire per le belle arti.

Was aber vermöchte die Geschichte reizenderes zu bie-
ten, als den Anblick dieser beiden, durch ein gleiches wissen-
schaftliches und künstlerisches Streben und die Bande der
innigsten Freundschaft verbundenen edlen Greise?! O! sie
waren Dioskuren im ächten Sinne des Wortes. Unser
egoistisches Zeitalter freilich, das auf Orest und Pylades,
Nisus und Euryalus, Achilleus und Patroklus,
Theseus und Pirithous, Scipio und Laelius, Da-
vid und Jonathan, Jesus und Johannis hinschaut,
wie auf die Riesenkraft eines Herkules, Theseus und
Achilleus, versteht ein solch' glückliches Zusammen=leben,
=weben und =streben, =schaffen und =sein kaum. Hier aber
war in der That, wie Aristoteles die Freundschaft de-
finirt: „eine Seele in zwei Körpern!" Aber ihre Charaktere
paßten auch trefflich zu einander; beide hatten große Lebenserfahrungen — Martini namentlich durch ausge-
dehnte Reisen — hinter sich liegen; beide waren begeisterte
Verehrer der Musik, und, was die Hauptsache ist, beide
fesselte jetzt ein großes gemeinsames Unternehmen: die
Herausgabe einer tiefgelehrten, allseitig gediegenen und
umfassenden „Geschichte der Musik."

Freilich war Vater Martini der eigentliche Schöpfer
dieses Werkes; aber Farinelli hatte ihn nicht nur zu diesem Unternehmen bestimmt, nein! er stellte dem gelehrten
Freunde auch seine ganze unschätzbare Bibliothek, während
dieser Riesenarbeit zur Verfügung und half thatsächlich
durch seine eigenen Kenntnisse und sein fortwährendes
Studium.

Daher kam es denn auch, daß der ehrwürdige Pater Martini alltäglich viele Stunden in Farinelli's Villa zubrachte, wo der Bibliothek-Saal so zu sagen sein Studier-zimmer geworden. Nach der Last des Tages gewährte dann Farinelli's unübertreffliches Spiel auf der Viola d'amour beiden Erholung und Erhebung, und ließ sie, da ihnen, trotz des Alters, die volle Jugendfrische des Geistes geblieben, herrliche Stunden verleben.

Auch jetzt saß Pater Martini wieder an seinem in der Mitte des Bibliothek-Saales stehenden Schreibtische, halb vergraben unter Folianten und Pergamentrollen, als Fa-rinelli eintrat.

Aber der würdige Franziskaner war heute — wie Fa-rinelli gleich nach dem ersten Gruße merkte — gar nicht so recht wie gewöhnlich bei der Arbeit. Es gab sich in al-len seinen Bewegungen eine auffallende, ihm sonst ganz fremde Unruhe kund und endlich legte er die Feder ganz weg und stand auf.

„Es geht heute nicht!" — sagte er zugleich, sich gewis-sermaßen vor sich selbst entschuldigend. — „Ich bin zu auf-geregt, zu zerstreut."

„Also doch auch!" entgegnete lächelnd Farinelli, und befahl dem Diener, der seinem vorhin erhaltenen Auftrage zufolge, seinem Herrn so eben ein Glas Lacrimä Christi präsentirte, auch dem Freunde ein solches vorzusetzen: — „Ich dachte das Concert von gestern Abend habe nur mich so gewaltig erfaßt!"

„Nun!" — versetzte Pater Martini — „meine Auf-

regung ist wohl eigentlich weniger Folge des Concertes, als
der Gedanken, die mir die Wundererscheinung dieses genia=
len jungen Maestro's macht. Er hat mich entzückt; aber
gerade darum fürchte ich für ihn .... fürchte, statt inneren
Gehaltes, statt des Waltens eines großen musikalischen
Geistes, am Ende nur oberflächliche Genialität, nur eine
überaus glückliche Naturbegabung und technische Fertigkeit
zu finden; wie dies bei Wunderkindern zumeist der Fall ist."

„Aber, mein lieber Freund und Bruder!" — entgeg=
nete Farinelli — „dagegen spricht ja doch seine ganze
Vergangenheit. Denke nur, was man dir von Wien,
Paris und London über den jungen Amadeus Mozart
schrieb; entsinne Dich, was unser gemeinsamer Freund
Grimm in seinen wahrhaft begeisterten Briefen sagt, und
Grimm ist doch auch ein Sachverständiger. Und würden
die Unternehmer des Theaters in Mailand, sogleich nach=
dem der vierzehnjährige Knabe den Fuß auf italieni=
schen Boden gesetzt, ihm auch schon die Anerkennung gezollt
haben, eine Oper für den nächsten Carneval bei ihm zu
bestellen, wenn sie ihrer Sache nicht gewiß wären? Mar=
tini denke nur: der vierzehnjährige Knabe soll eine
Oper für das mailänder Theater schreiben .....
und er hat es angenommen, als ob das Ding nichts wäre.
Und hat er nicht in Wien schon zwei Opern geschrieben:
La finta simplice im Auftrage des Kaisers Joseph ....."

„Die nicht zur Aufführung kam!" — fiel Martini
ein. —

„Weil die Neider und Feinde des jungen Maestro den

Director Affligio für sich gewonnen und durch die ab-
scheulichsten Cabalen die Aufführung hintertrieben. Aber
der kleine Mozart machte sich nichts daraus. Er schrieb
eine neue Oper „Bastien et Bastienne," die dann in
Mesmer's Hause aufgeführt wurde, und zwar, wie
Hasse und Metastasio Dir und mir schrieben, mit dem
größten Erfolg."

„Mit dem Erfolg" — sagte der greise Franziskaner
kopfschüttelnd — „den jedes halb erträgliche Stück auf
einem Liebhabertheater und vor Freunden hat."

„Und Hasse und Metastasio?"

„Sind für den kleinen Mozart eingenommen."

„Und die früheren Berichte von München, Wien,
Paris, London, Holland und so weiter?"

„Schwärmen für das „Wunderkind," sind aber jeder
tieferen Beurtheilung fern!" — sagte Vater Martini. —
„Hier bei uns ist es etwas ganz anders. Der junge Mozart hat jetzt das „Wunderkind" abgestreift. Er will
keine Wundererscheinung mehr sein, sondern ein Künstler .... und dies, mein theurer Freund, gefällt mir gerade
so sehr an dem jungen Menschen, daß ich ihn schon jetzt,
nach zweimaligem Zusammentreffen liebe. Aber diese Liebe
macht mich eben auch bangen. Er ist mit seinem Vater
nach Italien, der hohen Schule der Musik, gekommen, und
hier muß er, will er sich einen Namen machen, vor allen
Dingen seine Prüfung vor der philharmonischen Gesellschaft zu Bologna bestehen. Vermag er dies,
haben wir ihn zum Ehrenmitgliede der Gesellschaft, zum

Cavaliere filarmonico, erhoben, dann steht sein Ruf fest.
Aber .... aber .... der Areopag, der ihn hier erwartet,
ist gleich dem in Athen, der verführerischen Sprache einer
oberflächlichen Begeisterung unzugänglich. Hier gilt es,
seine Meisterschaft zu beweisen, nicht allein im Vortrag,
wie gestern im Concerte, mit dem Feldmarschall Graf
Pallavicini die Haute volée Bologna's erfreute, sondern namentlich auch im Contrapunkt. Nur ein durchaus
wissenschaftlich gebildeter Componist hat Anspruch auf die
Mitgliedschaft in unserer Gesellschaft."

„Nun!" — sagte Farinelli, der die strengen Grund-
sätze und die ruhige Unbestechlichkeit Pater Martini's
und der philharmonischen Gesellschaft kannte, und
daher doch auch etwas für den jungen deutschen Maestro
zu bangen anfing: — „Wir wollen sehen. Jedenfalls weiß
ich, daß der kleine Mozart die letzten Jahre zu den ernste-
sten Studien benutzt hat. Stradella, Carissimi, Scar-
latti, Leo, Dürante, Hasse, Bach und Händel waren die ersten Meister, die er, wie mir sein Vater sagte,
durchnahm. Und wie er mit der größten Geläufigkeit italienisch spricht, so ist er auch in der italienischen Musik zu
Hause."

„Hat er nicht auch bereits den Titel Concertmeister?"

„Ja! sein Vater ist hochfürstlich Salzburgischer Capellmeister, der Sohn hochfürstlich Salzburgischer Concertmeister! und das ward er im dreizehnten Jahre!"

„Allerdings eminent! besonders von dem Herrn Fürstbischof von Salzburg."

„Nun er wollte auch nicht daran und behauptete immer
der Vater helfe dem Amadeus. Der Knabe mußte also
auf das Schloß kommen, bekam seine Aufgabe zur Compo=
sition, ward in ein einsames Zimmer eingeschlossen und
durfte keinen Menschen sehen, bis er seine Arbeit vollendet.
Dies war aber bald geschehen und sie fiel so vortrefflich
aus, daß der Herr Fürstbischof die Ernennung zum Con=
certmeister sofort folgen ließ.“

Pater Martini ging, in tiefe Gedanken verloren, auf
und ab.

„Nun!“ — sagte er endlich — „so wird es ja auch bei
uns gehen. Er componirte ja auch schon eine Messe, ein
Offertorium und ein Posaunen=Concert, die ich kenne und
die trefflich sind.“

„Und die in Gegenwart des Wiener Hofes aufgeführt
und von ihm selbst dirigirt wurden.“

„Es ist groß! es ist groß!“ — rief der greise Mönch
mit blitzenden Augen.

„Und was wird ihm mein Freund zur Prüfung vorle=
gen?“ — frug Farinelli:

„Eine Antiphona aus dem Antiphonarium, die er
vierstimmig setzen muß,“ — entgegnete Martini ernst. —
„Er kann Großes lösen, er soll es .... und zwar zu seinem
eigenen Ruhme. Ich fühle, daß dieser kleine Maestro mir
das Herz gestohlen hat.“

Eine Pause entstand.

„Soll ich Dir, mein alter treuer Freund, ein Geständniß
machen?“ — sagte nach einiger Zeit Farinelli, indem er

seine Hand vertrauensvoll auf des Paters Schulter legte,
der sich wieder neben ihn gesetzt — „mich hat die Erschei=
nung dieses jungen eminenten musikalischer Genies an
etwas erinnert, das mir im Leben zwar schon tausendmale
vorgekommen, das aber immer peinlich ist.“

„Und das wäre?“ — frug der Andere.

„An das Abschiednehmen! — Wie ich dem kleinen Mae=
stro so in seine großen seelenvollen Augen blickte, da ward
es mir klar wie Sonnenlicht, daß dies die Sterne seien, die
für das Reich der Musik einen neuen Tag verkünden. Um
uns, mein Freund und Bruder, um uns liegt Abend=
dämmerung .... dort .... erglüht Morgenröthe!“

„Und was wäre dabei?“ — frug mit einem Lächeln
voll Ruhe und Erhabenheit der Franziskaner=Mönch —
„das Leben der Einzelnen und jenes der Menschheit ....
sie bestehen beide aus einem ewigen Wechsel von Licht und
Schatten, von Abend und Morgen, von Vergehen und Er=
blühen.“

„O das weiß ich wohl!“ — entgegnete Farinelli —
„und denke auch nicht so klein und kindisch, um nicht gern
im großen Ganzen und für das große Ganze aufgehen zu
wollen. Wenn nur die Trennung .... wenn nur das Ab=
schiednehmen nicht wäre!“

„Ei!“ — meinte Vater Martini — „da stoßen wir
ja wunderbarerweise einmal auf eine Verschiedenheit in un=
serer Denkungsart. — Ich für mein Theil wenigstens, habe
schon so oft in meinem Leben Abschied nehmen müssen,
daß ich wahrlich an alle Trennung gewöhnt bin.“

„Das glaubst du mir, mein Bruder!" — rief Fari=
nelli — „aber du täuscheſt dich. Wie könnte ich die
Trennungen zählen, in die mich das Geſchick verflochten
und doch glaubte ich das Herz müſſe mir verbluten, als ich
von Spanien Abſchied nahm, . . . und . . . . . ich habe es
noch nicht vergeſſen können, es liegt wie eine Inſel von
Sonnengold in dem Gebiete meiner Erinnerung. Ja! ge=
denk ich ſein, ſo iſt es mir, als kehrten die entflohenen
Stunden zurück und trügen alle kleinen Freuden und frohen
Augenblicke noch einmal vor meinen Geiſtesaugen vorüber,
um dann mit ihnen auf ewig zu entfliehen, und in mir
nichts zurückzulaſſen, als das wehmüthige Gefühl, daß ſie
dahin ſind. Mir iſt, als drängten ſich die lebloſen Zeugen
meines Lebens, die Gegenſtände, die mich umgaben, ...
die Menſchen, die ich geliebt und geachtet, noch einmal recht
nahe an mein Herz, und — geſtehe ich nur meine Schwäche —
ich nahm und nehme recht ſchweren Abſchied von ihnen."

„Nun!" — ſagte Vater Martini mild — „dies ächt
menſchliche Gefühl iſt gerade keine Schwäche zu nennen.
Es zeugt wieder von dem tiefen Gemüthe meines edlen
Freundes."

Farinelli ſchien dieſe Worte überhört zu haben. Er
war ſichtlich in ſeine Erinnerungen verloren und fuhr jetzt,
wie ſich ſelbſt vor einem Mißverſtändniß verwahrend, ge=
dankenvoll fort:

„Nicht daß ich um entſchwundene Genüſſe klage; . . . .
aber daß ich mich losreißen mußte und . . . . . wer weiß wie

bald .... losreißen muß aus den Umgebungen, in denen
ich mich so heimisch und glücklich gefühlt, von allen den Ge=
genständen und Beschäftigungen, die gleichsam Bekannte
und Vertraute meines Lebens geworden, das ist's, was mir
schwer wird. Nicht die großen Vergnügungen und Ge=
nüsse sind es, die den bessern Menschen mit Allgewalt fes=
seln, sondern die kleinen Freuden und Interessen, — die un=
scheinbaren Veilchen, von welchen er sich unter schmerz=
lichen Gefühlen losreißt. Wenn das rauhe Geschick manch=
mal mit eiserner Hand nach dem Glücke eines ganzen Le=
bens greift, so steht oft in der Menschenbrust ein heroischer
Wille auf, der edel und stolz zu dem Zufalle spricht:
„Nimm es hin, ich will das Leben auch ohne dies ertra=
gen!".... und dann überwindet ein edles Selbstgefühl die
Pein des Schmerzes, und wir stehen stark und erhaben
mitten unter den Ruinen unserer Hoffnungen. Wenn aber
das Geschick eine große Hoffnung und Erwartung, eine
Blume nach der andern aus unserm Leben reißt, und eine
Farbe nach der anderen in dem Gemälde unserer Tage
erlöscht und abstirbt, bis es am Ende kahl und grau
vor uns liegt, da ergreift den Menschen eine namen=
lose Wehmuth und er fühlt sich in seinem tief Innersten
erschüttert."

„Darum" — versetzte der Franziskaner — „werden
große Verluste gemeiniglich mit größerer Seelenstärke ge=
tragen, als die kleinen Leiden und Opfer des Lebens. In=
deß! was ist denn das Leben selbst, mit allen seinen Freu=
den und Leiden. O, mein Freund, stehen wir — wie Du

vorher gesagt — in der Abenddämmerung, dann verschwin-
det es zu nichts. Auf der Erde geht ja alles vorüber und
wir auch! — Der Augenblick kommt, und wie er uns auch er-
freue und beglücke, der Mensch sagt vergeblich zu ihm:
bleibe; .... denn während er es ausspricht, ist er vorüber
und ein anderer an seiner Stelle! Wir dürfen indessen dabei nicht ungerecht sein; so flüchtig die Minuten sind, ihr
Bild bleibt uns immer, und der Nachhall der Empfindun-
gen, die er in uns hervorrief, kann der Mensch nähren Jahre
lang, und sie können ihn noch lange, lange Zeit glücklich
machen. Sieh, mein Freund, das ist die Verklärung der
Trennung! Die Freuden des Lebens gleichen nicht allein
darin dem Regenbogen, daß sie aus fallenden Augenblicken
bestehen, sondern auch darin, daß sie gerade in der Ferne
am schönsten glänzen und strahlen. Und dann, hat Gott
uns Beide nicht vor so vielen andern Menschen gesegnet?
— hat er uns nicht ein heiteres Alter, Freude an edlem
Wirken und Schaffen, heilige Begeisterung für die gött-
liche Kunst .... hat er uns nicht einander selber gegeben?
O, mein Freund, ich möchte die Abenddämmerung
unseres Lebens um keine irdische Morgenröthe tauschen!"

„Ja!" — sagte Farinelli, dem Freund mit Innig-
keit die Hände drückend und sein schönes Greisenantlitz
schien sich zu verklären — „ja! auch ich habe Gott recht
viele heitre Stunden zu verdanken, und namentlich seit dem
ich Dich, meinen Bruder, kenne und mein kleines Tusculum hier besitze. Und ...." fügte er hinzu — „was
die Hauptsache ist, wir haben hier Stunden verlebt, die wie

die seligen Kinderjahre keinen Bodensatz herber Erinnerun=
gen zurücklassen."

„Wir dürfen uns aber auch gestehen" — fügte Vater
Martini heiter lächelnd hinzu — „daß wir die Grundbe=
dingungen stillen Glückes in uns tragen, und das ist die
Besonnenheit des Geistes, die das Leben rein und
tief auffaßt, und die im vorüberwehenden Sturme der
Augenblicke, das Bleibende erkennt; — und dann die
heitere Stimmung der Seele, die durch keinen Ti=
tanenkrieg der Leidenschaften mehr getrübt wird, und in
der kein Neid und kein ungezähmter Ehrgeiz wohnt. Wer
in dem Besitze dieser beiden größten Güter des Menschen
ist, der danke seinem Genius, denn er trägt ein Eldorado
in seinem Herzen, und gleich einem Halbgott geht er er=
haben und siegreich durch das Leben. Es sind jene beiden
Güter die Telescope, durch die das innere Auge des
Menschen die strahlenden Sternbilder des ewigen Lebens
entdeckt, die so beglückend in das Erdenleben hineinglänzen,
und das vergängliche Herz mit einem ungetrübten Frieden
erfüllen. Nur durch sie werden aus den unscheinbaren
Nebelflecken der irdischen Tugend und Schönheit strahlende
Sonnensysteme und Milchstraßen, die uns gleich jenen
der Sonnennacht die Ewigkeit unseres Daseins ver=
künden!"

„Amen!" — sagte der greise Farinelli feierlich —
„Ich schlage mich auch hier wieder auf die Seite meines edlen
Freundes, und mag die Abenddämmerung nicht mit
der Morgenröthe vertauschen."

„Aber" — rief Martini froh und heiter — „freuen wollen wir uns doch dieser Morgenröthe, und den Morgenstern des jungen Tages herzlich begrüßen, wenn unsere alten Augen den letzteren auch nicht mehr sehen!"

In diesem Augenblick trat der Diener ein und meldete: „Signore Amadeus Mozart!"

Il cavaliere filarmonico.

Der Enthusiasmus der Italiener ist in seinen Kund-
gebungen sehr verschwenderisch, weil er von Herzen geht.
Nirgends fand daher der junge Mozart so sehr wie bei
ihnen eine herzliche Aufnahme, ein allgemeines Wohlwol-
len, eine augenblickliche Anerkennung, ein Gefolge von
Freunden und Beschützern, das sich in allen Städten, in
welchen er verweilte, aus freien Stücken bildete, und die
keine anderen Geschäfte, als die seinigen zu haben schienen.*)

Dies war aber namentlich auch in Bologna der Fall,
woselbst der kleine Maestro vor allen Dingen an dem
Feldmarschall, Grafen Pallavicini und dem Cardinal, Grafen Carl von Firmian — einem Lands-
manne — die eifrigsten Stützen fand.

---

*) Dulibicheff: „Mozarts Leben" I. Theil Seite 31.

Auch die weltberühmten Sängerinnen, die stolzen Signori Aprile, Cicognani und Spagnoletta, sowie der Castrate Manfredini drängten sich begeistert zu ihm heran und trugen ihn auf den Händen.

Aber so sehr sich Amadeus*) durch alle diese Artigkeiten und dies wirklich liebenswürdige Zuvorkommen geschmeichelt fühlte, so wenig Werth legte er in seiner kindlichen Einfachheit und Bescheidenheit auf alle die Huldigungen, die man ihm von dieser Seite brachte. Wenn auch dem Alter und der äußeren Erscheinung nach, noch ganz ein vierzehnjähriger Knabe, war Wolfgang doch im Geiste und in seiner musikalischen Entwicklung vollständig Mann. Er hatte daher in Bologna gar nichts anderes im Auge, als sich vor dem unbestechlichen Richterstuhle der, in der musikalischen Welt Ton angebenden, philharmonischen Gesellschaft als vollgültigen Meister zu erweisen, und sich die Achtung Pater Martini's zu erwerben, den die Italiener wie ihren Abgott verehrten und dessen Urtheil in Angelegenheiten der Musik für die damalige ganze Welt entscheidend war.

Wolfgang nahte sich daher auch heute, bei seinem Besuche auf der Villa Farinelli, dem berühmten Contrapunktisten und Präsidenten der philharmonischen Gesellschaft mit der größten Ehrerbietung und mit jener Bewun-

*) Mozart wurde von den Italienern stets Amadeus genannt, weil sie diesen Namen mit Recht wohlklingender als Wolfgang fanden und auch leichter aussprechen konnten.

derung, die wahres Talent dem wahren Talente so gerne zollt. Hatte er als Knabe einst gesagt: „Nach Gott kommt gleich der Papa!" — so hätte er, seiner Ueberzeugung und seinen Gefühlen nach, jetzt recht gut hinzufügen können: „Und nach dem Papa: Pater Martini!"

Aber auch dieser und der edle greise Farinelli trugen Wolfgang Amadeus ein offenes Herz und eine auf= richtige Bewunderung entgegen, die sich bei Beiden während des jetzigen Besuches noch bedeutend steigerte.

Wolfgang war ganz entzückt über Farinelli's wunderherrliche Instrumente; freute sich wie ein Kind, daß sie der Künstler so schön nach den ersten italienischen Malern getauft habe, und improvisirte und phantasirte mit einer Lebhaftigkeit, Begeisterung und Virtuosität auf Ra= phael, Correggio, Titian und Guido, wie sie selbst der Vater nie gehört. Farinelli und Martini aber, die bedeutendsten musikalischen Größen ihrer Zeit, standen, in Bewunderung versunken an des Knaben Seite.

„Schön! sehr schön und brav!" — sagte endlich Mar= tini freudig und mit leuchtenden Augen, aus welchen Ent= zücken und väterliche Liebe strahlte: — „aber jetzt wollen wir auch dem Componisten im strengeren Sinne einmal auf den Zahn fühlen."

„Thut es, ehrwürdiger Vater!" — entgegnete der Knabe freudig — „ich weiß zwar, Ihr seid ein sehr gelehr= ter Herr und strenger Richter, aber ich will doch versuchen, ob ich Euch nicht befriedigen kann!"

„Ich hoffe es, mein Sohn!" — sagte der Franziskaner liebevoll — „denn in dem akademischen Saale wird es noch ernster hergehen."

„Je ernster, desto lieber!" — rief der junge Mozart mit muthig leuchtenden Blicken. — „Mir ist es bei einer solchen Aufgabe immer, als sei ich ein General, der ganze Colonnen von Feinden vor sich habe und im Begriff stehe, eine entscheidende Schlacht zu schlagen. Das Herz pocht mir freilich; aber nicht vor Furcht, sondern vor Ungeduld, den Feind zu werfen und als Sieger das Schlachtfeld zu behaupten."

„Nun, bei solchem Muth und freudigem Vertrauen wird der Sieg auch nicht fehlen!" — versetzte Farinelli.

Pater Martini war indessen hingegangen und hatte Wolfgang den Gedanken zu einer Fuge mit wenigen Noten entworfen.

„Hier, mein Sohn!" — sagte er jetzt — „führe mir diese Fuge aus!"

Aber wie gewaltig löste nun Amadeus seine Aufgabe. Raphael erbebte unter den Fingern des jugendlichen Maestro und die Seelen der Männer unter dem Eindruck der Composition. Als er geendet umarmten ihn beide, und Pater Martini rief, Thränen der Freude im Auge, dem Freunde zu:

„Abenddämmerung und Morgenröthe! . . . . . Wie wahr hast du gesehen, Bruder . . . . aber das wird ein schöner Tag werden!"

Wolfgang verstand diese Worte nicht; er war indessen durch die Anerkennung solcher Männer unendlich glücklich, und ward wahrhaft ausgelassen vor Freude als ihm Pater Martini zusagte, daß seine Prüfung vor der philharmonischen Gesellschaft in wenigen Tagen stattfinden solle.

Ein herrlicher Abend krönte diesen glücklichen Tag: Manfredini und die Sängerinnen Cicognani und Spagnoletta, so wie die Grafen Pallavicini und Giusti del Giardino, der Marchese Carlotti und andere angesehene Einwohner Bologna's trafen noch als Besuch auf der Villa Farinelli ein. Jetzt ward die Unterhaltung — bei einer wahrhaft fürstlichen Bewirthung — eine ungemein lebhafte. Manfredini und die Sängerinnen trugen die schönsten und schwersten Arien hinreißend vor; auch Amadeus ließ sich wiederholt hören und den Schluß machte ein Vortrag Farinelli's auf seiner Viola d'amour. O! es war ein Abend für Götter! aber er lebte auch nach Jahren noch in der Erinnerung der Anwesenden.

Und diesem Abende sollte bald ein noch wichtigerer Tag folgen . . . . ein Tag, von dessen Entscheidung die ganze Zukunft des jungen Mozart abhing; denn konnte er es nicht zur Mitgliedschaft der philharmonischen Gesellschaft bringen, so war damit ausgesprochen, daß ihm, bei allem Blendwerk äußerlicher Virtuosität, die tiefere Kenntniß und die eigentliche musikalische Meisterschaft mangle; wogegen ihm seine Aufnahme unter die Notabilitäten der Musik den glänzendsten Ruhm für alle Zeiten sichern mußte.

Und der ersehnte Tag kam heran. Die ganze fein gebildete und musikalische Welt Bologna's war in Bewegung. Zu Fuß und zu Wagen eilte man nach dem großen
und schönen Hause, in dessen Sälen die Accademia Filar-
monica ihre Sitzungen hielt. Zwar durften bei dem Acte
der Prüfung nur die Richter zugegen sein; aber das Er-
gebniß, falls es ein günstiges, ward öffentlich verkündigt.
Wolfgang Amadeus Mozart erschien mit seinem Vater Nachmittags vier Uhr in dem akademischen Saale.
Alle in Bologna anwesenden Mitglieder der Gesellschaft
— Pater Martini und Farinelli unter ihnen — waren
hier bereits versammelt und erwarteten, in einem weiten
Kreise sitzend, den Princeps Accademiae und die Censoren — alte hochberühmte Kapellmeister — an ihrer
Spitze, in ernstem Schweigen den vierzehnjährigen
Preisbewerber.

Man kann sich denken, mit welcher Spannung diese,
zum, größten Theile hochbetagten und hochgelehrten Musiker den Knaben erwarteten, dessen Ruf als Maestro sie
zwar schon kannten, dessen kühnem Auftreten vor einem
solchen Gerichtshofe aber doch gar Manche einen schlim-
men Ausgang prophezeiten . . . . Andere im Stillen sogar
wünschen mochten.

Selbst Vater Mozart war es heute unbehaglich zu
Muthe. Zum erstenmal bangte ihm vor dem Erfolge
seines Sohnes; ja er fühlte bei dem Eintritt in den Saal,
wie seine Kniee leise bebten. Aber ein Blick in das ruhige,
unbefangene, ja Freude strahlende Antlitz Wolfgangs,

gab dem Capellmeister seine volle Zuversicht zurück. Dieser
Trost blieb ihm indessen nur kurze Zeit; denn nach der
gegenseitigen ceremoniellen Begrüßung trennte man Vater
und Sohn und führte den ersteren in die akademische
Bibliothek, wo er mit dem Marchese Carlotti, der sich
ihm als Begleiter angeboten, bis zu der Entscheidung ein=
geschlossen wurde.

Als dies geschehen, erhoben sich der Princeps Accademiae und die Censoren und überreichten Amadeus
eine Antiphonia aus dem Antiphonarium Romanum*)
zur sofortigen vierstimmigen Ausarbeitung in einem ver=
schlossenen Zimmer, in dem Zeitraume von drei Stunden.
Amadeus empfing das Blatt mit einer ehrfurchtsvollen
Verbeugung und folgte dann raschen Schrittes und heiteren
Muthes dem Pedell, der ihn in das Arbeitszimmer führte
und die Thüre geräuschvoll hinter ihm zuschloß.

Eine solche Antiphonia (einen solchen Gegengesang,
Wechselgesang)**) vierstimmig zu setzen, war übrigens eine
um so schwierigere Aufgabe, als diese Art der Composition
Vieles — was nicht angewendet werden darf — aus=
schließt. Nur ein Meister im Reiche der Musik, ... nur
ein durch und durch tüchtiger Contrapunktist ist einer sol=
chen Aufgabe gewachsen, und schon mancher sonst berühmte
Musiker war an diesem Steine des Anstoßes gescheitert.

---

*) Antiph. ad Magnificat. Dom XIV post Pentecost. et in Festo
Cajetani.
**) Ursprünglich zweier Chöre oder Sänger in der griech. Kirche.

Tüchtige Männer hatten an derselben Stelle, an der jetzt
Amadeus saß, die ihnen gegönnten vollen drei Stun=
den zur Bearbeitung einer Antiphonia von drei Zeilen
zugebracht.

Wer beschreibt daher das Staunen der ganzen Gesell=
schaft, als schon nach einer kleinen halben Stunde der
Pedell eintrat, und — selbst ganz blaß vor Staunen —
die Meldung machte: der junge Maestro habe das Zeichen
gegeben, daß die Arbeit vollendet sei.

Eine allgemeine Bewegung gab sich jetzt unter sämmt=
lichen Anwesenden kund. Seit mehr denn hundert Jahren
bestand bereits die Akademie .... aber ein solcher Fall
war noch nie vorgekommen. War dieser vierzehnjährige
Knabe ein Zauberer?

Pater Martini und die Censoren erhoben sich sicht=
bar erregt und gingen nach dem Arbeitszimmer. Hier
empfing der Pedell den Schlüssel aus der Hand des Fran=
ziskaners und öffnete. Da stand der Knabe freundlich
lächelnd, das Noten=Manuscript in der Hand. In
seinen offenen, kindlichen Zügen aber sprach sich eine hohe
Freude aus; .... eine Freude gepaart mit edlem Stolze,
und doch aller Anmaßung und Ueberhebung so ganz
fremd; .... eine Freude, wie sie sich in den unsterblichen
Werken der großen Maler auf den Gesichtern der Engel
ausdrückt, die, im vollen Genusse der Seligkeit, die Königin
des Himmels auf lichten Wolken emportragen.

Aber auch Pater Martini's Augen strahlten. Noch

durfte er nichts sagen; aber der alte Mann zitterte und
konnte sich kaum zurückhalten, seinen Liebling nicht zu umarmen.

Indeß das Herkommen gebot ein zweites Einschließen
des Aspiranten. Die Prüfung der Arbeit durch sämmtliche Capellmeister und Compositoren begann. Es verschwand abermals eine volle peinliche Stunde.

Endlich war auch dies vollendet und der Princeps
Accademiae rief zur Abstimmung. Unter tiefem Schweigen wurden die schwarzen und die weißen Kugeln — jene
als verwerfende, diese als annehmende — im Kreise dar-
geboten. Wenn aber auch kein Wort die Meinung der
Stimmenden verrieth, so thaten dies doch die freudig
flammenden Blicke der meisten.

Jetzt leerte der umgestürzte Beutel die Kugeln vor dem
Präsidenten auf den grünen Tisch — — jetzt war der
Moment der Entscheidung gekommen — — er war — —
ein glücklicher.

„Alle Kugeln weiß!“ — rief der greise Pater Martini und Thränen der Freude und des Entzückens liefen
über seine gefurchten Wangen: — „der Aspirant ist
aufgenommen!“

Und die Thüren öffneten sich,.... ein Jubelchor erschallte,
und wie auf der einen Seite das Publikum hereinströmte,
und auf der anderen Wolfgang Amadeus Mozart,
der vierzehnjährige Sieger, die Schwelle betrat, erhoben sich auf einen Schlag sämmtliche Akademiker und

begrüßten ihn mit dem Klatschen ihrer Hände und einem
donnernden:

„Evviva il maestro! evviva il cavaliere filarmonico!"

Wolfgang aber erblaßte . . . . . dann sank er seinem
Vater vor Freude in die Arme . . . . und . . . . weinte
Thränen der Seligkeit! —

Der Fußkuß.

~~~~~~

Die heilige oder Charwoche ist für die gesammte katholische Christenheit der wichtigste Zeitabschnitt des ganzen Jahres. Nirgends aber wird sie, bekannter Weise, glanzvoller und großartiger begangen, als in dem Dom der Dome, ... als in den imposanten, ehrfurchtgebietenden Hallen der Sankt-Peterskirche zu Rom.

Schon in der Frühe des grünen Donnerstages strömen ungeheuere Menschenmassen von allen Theilen der ewigen Stadt und der Umgebung herbei, so wie sich früher schon Schaaren von Fremden aus Nord und Süd und Ost und West eingefunden haben. Religiosität und Frömmigkeit, Neugierde und Vergnügungssucht, Bußfertigkeit und Weltlust, Eitelkeit, Habgierde und alle anderen menschlichen Interessen und Leidenschaften geben dabei die Triebfedern zu dieser Völkerwanderung ab, die die

Straßen Rom's zu einem wogenden Menschenmeere
macht.

Man kann sich aber auch in der That keinen schöneren
Anblick denken, als diese bunte, zum größten Theile in
malerische Costüme gekleidete Masse. Da zeigen sich in
dem lieblichsten Gemische und in den pittoresquesten Trachten die herrlichen flammenaugigen Frauen von Tivoli
und Frascati, von Sonnino und Nettuno und die
stolzen und prächtigen Römer-Albaner-Trasteveriner
und Sabinerinnen. Die einen geleitet von den kräftigen
Männern der Gebirge, die anderen von Hirten, deren Kleidung von Schaaffellen gewaltig gegen die reichen Gewänder
der Vornehmen und die einfache aber zierliche Tracht der
Fischer und Schiffer absticht. Und das Alles im buntesten
Gemische ohne Rücksicht auf Rang und Stand, Alter und
Geschlecht; .... hinwogend nach den weiten, herrlichen
Hallen Sankt Peters, in welchen sich Alle: Bäuerinnen
und Herzoginnen, Prinzen und Schäfer, der Reiche und
der Arme, der Kranke und der Gesunde, der Greis und
das Kind mit einer Art von Fanatismus nach dem Sitze
des Papstes drängen, der den in Sünden schmachtenden
Seelen Ablaß ertheilt.

Glaube aber Niemand, daß in dieser nach dem Ablaß
der nächst kommenden hundert Tage so fanatisch rin-
genden Menge eine ernste religiöse Sammlung herrsche.
O nein! Man schwätzt, man lacht, man erzählt sich heitere
Geschichten, man spricht von schönen Frauen, denn: La
Mattina una Messetta, l'apodinar una Bassetta, la

sera una Donetta,*) sagt das Sprüchwort . . . . . man freut sich auf die bevorstehenden Feste . . . . . aber man drängt vorwärts nach dem Gnadenstuhle, als ob die dereinstige Seligkeit davon abhänge. Warum? . . . . es ist einmal Gebrauch und Sitte, und hundert Tage Ablaß im voraus ist immer dem leidenschaftlichen, sinnlichen Italiener angenehm und von Nutzen.

Auch diesmal — wie immer — ging es am grünen Donnerstage auf die beschriebene Weise in Rom und der Sankt Peterskirche zu. Jedermann wollte entweder seinen Ablaß gewinnen, den Papst in der sixtinischen Kapelle der Hochmesse assistiren, den Segen von der Loge der Peterskirche ertheilen, oder die Fußwaschung verrichten sehen. Da man aber vor dem unendlichen Gedränge unmöglich alle diese Feierlichkeiten mitmachen konnte, so mußte sich die Masse in verschiedene ungeheure Strömungen zertheilen, die sich denn auch schon von dem frühesten Morgen an nach den Hauptpunkten, an welchen die Feierlichkeiten stattfinden sollten, ergossen.

Ein heller, sonniger Tag lag über der Erde und warf seine Strahlen über die unbeschreibliche Pracht der Peterskirche, von deren schwindelerregenden Höhe und Größe der Fremde sich erst allmälig eine Vorstellung zu bilden vermag. Willst du aber, der du Rom noch nicht gesehen,

---

*) Des Morgens pflegen wir Messen,
   Musik nach dem Mittagessen,
   Des Abends die Mädchen nicht zu vergessen.

einen Maßstab für die hier herrschenden Dimensionen, so
wisse, daß der von Papst Urban VIII. erbaute Baldachin
über dem Hochaltare die Höhe des Schlosses zu Berlin
hat; . . . . willst du dir einen Begriff von der Pracht dieser
Kirche machen, so erfahre: daß alle die kolossalen Bilder,
welche den Prachtbau schmücken, nicht Gemälde, sondern
nach diesen in Mosaik von Stein ausgeführt sind, um
sie unvergänglich zu machen.

Die Transfiguration Raphaels, deren Original sich
im Vatikan befindet, und alle jene Meisterwerke, welche
die Altäre zieren, sind Mosaiken von ganz unschätz-
barem Werthe.

Aber wie vermöchten wir denn überhaupt die Herrlichkeit dieses unermeßlichen Tempels zu beschreiben? — Mögen sie schlafen in ihren Grabmälern von Marmor und
Erz, die unglücklichen Stuarts und jene unselige Königin
von Schweden, die von den Kleinodien ihrer Krone nichts
rettete, als ein Schwert, um ihren Geliebten zu morden:
. . . . und' jene schöne Freundin Gregors VII., jene be-
rüchtigte Gräfin Mathildis, welche die Tiare so liebenswürdig als mächtig zu machen wußte. Mögen sie schlafen
in ihren Gräbern von Marmor und Erz, diese Menge der
Päpste, deren Denkmäler für das Schiff der riesigen Ba-
silika jetzt ein schönerer Schmuck sind, als dies ihr Leben
einst für den päpstlichen Stuhl war. Mag er irren der
Schatten des großen Apostel-Fürsten um die sechsund-
neunzig Tag und Nacht brennenden Lampen der Gruft, in
der sein Leichnam ruhen soll: . . . . mögen sie prangen,

alle die Statuen und herrlichen Altäre mit ihren unermeßlichen Schätzen, wir wollen es nicht versuchen, sie zu beschreiben!

Nur dem Menschenstrome folgen wir, der sich in bunten, lebendigen Wogen in die gigantischen Hallen ergießt.

Seht, da thront — an der rechten Seite des Schiffes — eine uralte Erzstatue des heiligen Petrus. Was an ihr vorbeiwogt, wirft sich nieder und küßt den Fuß, der bereits von den Millionen und Millionen Küssen der Gläubigen ganz abgenutzt ist.

Jetzt theilt sich ehrfurchtsvoll die Menge: ein Kardinal mit seinem Gefolge tritt ein. Auch er kniet nieder und küßt den Fuß des Apostels; aber ehe ihm sein Gefolge in dieser Ehrenbezeugung folgen kann, hat sich eine Masse Volkes über den Fuß gestürzt und drängt und ringt, wer ihn zuerst nach dem Kardinale zu küssen bekomme: als ob in der unmittelbaren Nachfolge in diesem Kusse noch ein besonderer Segen liege. Das augenblickliche Gedränge ist vorüber; jetzt können sich auch die Diener des Kardinals nähern; aber sie wischen, ehe sie sich zu dieser Devotion entschließen, erst mit ihren Tüchern vorsichtig den Fuß des heiligen Petrus ab. Auch sie verschwinden in der Menge und neue Menschenwogen wälzen sich nach.

„Laß uns eilen!" — sagte in diesem Momente ein wunderhübsches ganz junges Mädchen zu seiner gleich jugendlichen Begleiterin. — „Laß uns eilen, Veronica, die Menschenmenge wächst zusehends. Wenn wir nicht jetzt noch einen Platz in Sala-Ducale erhalten, so sehen wir die Fußwaschung nicht."

„Aber, Giuditta!" — entgegnete die Angeredete erstaunt — „wollen wir denn den Segen des heiligen Vaters nicht empfangen?"

„Laß das bis zu Ostern," — versetzte Giuditta — „die Fußwaschung und Speisung ist viel unterhaltender."

„Aber, so küssen wir doch erst dem heiligen Petrus den Fuß?" — frug jene fast ängstlich weiter."

„Meinthalben!" — rief Giuditta heiter — „aber dann mache nur, daß wir vorwärts kommen!"

Und mit diesen Worten nahm sie die Gefährtin am Arme und zog sie energisch mit sich nach der Gegend fort, in welcher sich die Erzstatue des Apostel-Fürsten befand.

Giuditta war ein Kind von vierzehn Jahren, reizend wie eine frisch aufbrechende Rosenknospe. Es lag dabei etwas unendlich kräftiges und naturwüchsiges in ihr, und zu der schönen, vollkommen entwickelten, schlanken und doch kräftigen Gestalt, die getrost auf ein Alter von 16 Jahren hätte schließen lassen, paßten das offene Antlitz, der bräunliche, ächt italienische Teint und die schwarzen Feueraugen vortrefflich. Dabei war sie in jene malerische Tracht der römischen Bürgermädchen gekleidet, die dazu geschaffen scheint, jugendliche Erscheinungen in der ganzen Fülle ihrer Schönheit zu zeigen.

Ein Rock von leichtem Stoff und einem Blau, so tief wie der italienische Himmel selber, umschloß den wohlgebauten Körper; da das Leibchen nur den unteren Theil

von Rücken und Brust bedeckte, von da an aber nichts als
das blendendweiße Hemde hoch über die Brust und den
Rücken ging, wo es in feinen Falten gekräuselt zusammen-
lief, so stach dies Weiß, vereint mit dem der langen und
weiten Hemdärmeln, köstlich von dem der bräunlichen Teint
des Halses und der Arme ab. Ein großer, den Hinter-
kopf rund einschließender Kamm, zierlich aus Silber gearbeitet — der Spicciatoro — hielt dabei die tief herab-
hängenden vollen schwarzen Haarflechten zusammen, während ein langer weißer Schleier das Haupt deckte und das
reine Oval des blühenden Gesichtchens gar reizend und
naiv unter dem Spitzenbesatze herausschauen ließ.

Es war in der That eine Lust, Giuditta, und ihre,
fast ganz wie sie gekleidete, Gespielin anzusehen. Beide
Mädchen erstrahlten in prächtiger Frische, leuchteten vor
Jugend und Lebensfülle. Und diese Jugend und Lebensfülle gab sich denn auch in Allem kund: in dem muthwil-
ligen Lächeln, das um ihren Mund spielte, in dem feurigen
Aufblitzen ihrer schwarzen Augen und in der Raschheit und
Energie ihrer Bewegungen. Das war ächt italienisches
Blut! Wie mußte das einst stürmen in den beiden
jugendlichen Herzen; welche gewaltige Leidenschaften schliefen wohl hier noch unter dem Früh-
rothe der Jugend, wie das gewaltige Toben des
Vesuv's unter lachenden Weinbergen und üppigen Oliven-
wäldern.

Und welch' ein Bild war es nun, diese beiden kräftigen
Mädchen neben der ernsten, Jahrhunderte alten Erzstatue

des Apostels betend knien zu sehen — wahrhaftig des
Pinsels eines Raphaels würdig!

Aber mit dem Beten schien es bei Giuditta gerade
nicht so viel auf sich zu haben. Wohl liefen die Kügelchen
des Rosenkranzes durch die rosigen Finger; wohl bewegten
sich die frischrothen Lippen . . . . . aber die Gedanken waren
sicher ganz wo anders und die schwarzen Aeuglein ruhten
jetzt auf dem netten, feinen Knaben, der, an der Seite eines
älteren Mannes — von der Menge geschoben — sich eben=
falls der Statue des heiligen Petrus nahte.

Es mußten beide Fremde sein, das sah man nicht nur
auf den ersten Blick an ihrer Kleidung, man durfte es ge=
trost auch aus dem Staunen schließen, welches sich in ihren
schönen und edlen Zügen aussprach. Uebrigens trugen sie
sich sehr elegant, und namentlich schien der Knabe, dessen
Begleiter wohl sein Hofmeister war, irgend ein junger
reisender Prinz, so fein und leicht erschien er in Manieren
und Bewegungen.

Giuditta hatte dies alles unter dem Beten des Rosen=
kranzes bemerkt und zwischen dem Hersagen der Vater=
Unser und Ave Maria ihrer Freundin in einzelnen Sätzen
mitgetheilt.

„Cospetto di Bacco!“ — flüsterte sie dieser jetzt zu
— „der kleine Prinz gefällt mir. Sieh nur die schönen
Augen und die prächtige Stirne!“

„Und den hübschen kleinen Mund!“ — meinte
Veronica.

„Und wie fein er gekleidet ist,“ — fuhr Giuditta

eifrig fort — „den Spitzen=Chapeau hält eine Busennadel
deren Stein in allen Regenbogenfarben leuchtet."

„Gerade wie der große Brillant in dem Kreuze des
heiligen Vaters!" — ergänzte Veronica.

„Mag er wohl ein Engländer sein?"

„Oder ein Franzose?"

Giuditta schüttelte mit ernster Miene ihr reizendes
Köpfchen, betete ein Ave Maria und sagte — „wenn ich
mir ihn recht ansehe, muß ich ihn für einen Deutschen
halten."

„Warum?" — frug die Gefährtin.

„Sein Gesicht hat so etwas gutmüthiges!" — versetzte
Giuditta.

„Und haben das die Deutschen?"

„Ja, zumeist wenigstens. Du weißt wohl, ich kann
darüber urtheilen," — fuhr Giuditta dabei fort, jetzt
ihr Credo betend: — „Deum de Deo, lumen de lumine
. . . . . denn da mein Vater päpstlicher Courier ist . . . .
Deum verum de Deo vero . . . . . und wir ein großes
Haus besitzen . . . . . genitum, non factum . . . . so
werden oft vornehme Fremde bei uns eingewohnt . . . .
consubstantialem patri . . . . . . o! wir haben schon Gäste
von allen Nationen gehabt . . . . perquem omnia facta
sunt . . . . . und auf Morgen sind sogar wieder zwei
Deutsche angesagt, ein Vater und sein Sohn . . . qui
propter nos homines et propter nostram salutem
descendit de coelis . . . . der ein Zauberer sein soll . . . . .
et incarnatus est de spiritus sancto. . . . ."

„Ein Zauberer?" — rief bestürzt Veronica.

„Ja! aber nur in der Musik" — flüsterte Giuditta.

— „Doch still, der Prinz und sein Hofmeister kommen heran .... wie fromm der Alte den Fuß des Heiligen küßt."

„Der Prinz will es auch."

„Aber er kann nicht, weil er zu klein ist, er reicht ja kaum an das Piedestal."

„Und Niemand hilft ihm ... auch der Alte nicht ... weil er betet."

„Ei!" — rief Giuditta und ihre schönen schwarzen Augen sprühten Funken — „da muß ich dem Prinzen helfen!"

Und ehe Veronica sie zurückhalten konnte, war Giuditta aufgesprungen, hatte den hübschen Knaben umfaßt und hob ihn kräftig empor.*)

Der kleine Mann glaubte unzweifelhaft sein älterer Begleiter leiste ihm diesen Liebesdienst; er bückte sich also über den abgeküßten Fuß des erzernen Petrus, und drückte auch seinen Kuß darauf. Als er aber sanft niederglitt, kam es ihm vor, als fühle er weibliche Gewänder und Formen. Ueberrascht wandte er den Kopf .... und .... eine glühende Röthe übergoß sein Gesicht .... denn er schaute in das ebenfalls hocherröthende Antlitz eines wunderschönen Mädchens.

---

*) Nissen: Wolfgang A. Mozart's eigner Brief Nr. 9.

4*

Aber es war nur ein Moment. Kaum hatte er die Erde berührt, war der Engel verschwunden und eine neue gewaltige Menschenwoge schob ihn und seinen Begleiter weit hinweg.

Ein junger Prinz.

Die Sala Ducale nächst der Sixtinischen Kapelle, in welcher die heilige Handlung der Fußwaschung und der Speisung der Armen durch den Papst selbst vorgehen sollte, war zum Erdrücken gefüllt.

In dem ungeheuren, für die Zuschauer bestimmten Raume, stand das Volk bereits Kopf an Kopf. Eine dichte Reihe der päpstlichen Schweizergarde sperrte diese Masse von dem oberen etwas erhöhten Theile des Saales ab; doch war für die vornehmen Römer und Fremden, die Prinzen und die Gesandten auswärtiger Höfe auch noch innerhalb dieses Cordons Platz gelassen und die Schweizer hatten, wie immer, den Befehl erhalten, sämmtliche hohe Herrschaften einzulassen. Wirklich befand sich denn auch schon eine ansehnliche Menge von Herren und Damen in strahlenden Costümen, mit Orden und Bändern, Brillan-

ten und prächtigen Uniformen geschmückt hier versammelt.
Da sah man die Prinzen Doria, Spolverini, Fieschi,
Durazzi, den Fürsten und die Fürstin Borghese,
die Prinzipessa Barbarini, die Grafen Emily,
Allegri, Bocatelli, die Herzogin San Ferno, den
französischen Gesandten, Herzog St. Aubin, den Prin=
zen Xaver von Sachsen, den Ducca di Bracciano,
den Gesandten Englands, den Herzog von Newcastel,
und noch viele andere hochgestellte Personen, die nicht nur
Frömmigkeit, sondern auch die Absicht hierhergeführt: dem
heiligen Vater durch ihre Gegenwart einen Beweis ihrer
Hochachtung zu geben. Zugleich gehörten ja alle diese
Feierlichkeiten, sowohl für die hohen Herrschaften wie für
das Volk, zu den angenehmsten und interessantesten Unter=
haltungen im Jahre; und in der That mußte man diesen
religiösen Schauspielen auch eine Großartigkeit zugestehen,
wie man sie sonst nirgends wieder fand.

Die Spannung war also eine allgemeine, und jemehr
der Zudrang wuchs, desto eifriger war Jedes bemüht, sich
seinen mühsam errungenen Platz auf alle Weise zu sichern.
Schon war fast keine Möglichkeit mehr vorhanden, bis zu
den Schweizern vorzudringen, als sich zwei Fremde — ein
älterer Mann und ein Knabe — mit aller nur erdenklichen
Mühe durch die Menge zu arbeiten suchten. Die Freund=
lichkeit und Zuvorkommenheit der Italiener gegen Fremde
ist bekannt. Nie aber tritt sie schärfer hervor, als bei Ge=
legenheit ihrer Feste und religiösen Feierlichkeiten; denn
da sie auf Beide stolz sind, und wissen, daß Tausende aus

weiter Ferne herbei eilen, diese zu sehen und zu bewundern, so setzen sie eine Ehre hinein, die Neugierde der ausländischen Besucher auch so viel als möglich zu befriedigen. Diese wohlmeinende Gesinnung kam denn auch den Beiden sehr zu statten, die hier mit Händen und Ellenbogen arbeiteten, um sich einen Weg nach dem Vordergrunde — wenigstens bis an den Cordon der Schweizer — zu bahnen; denn durch diesen zu dringen beabsichtigten sie keineswegs. Trotz manchen italienischen Kernfluches, den Rippenstöße und unwillkürliche Fußtritte hervorgerufen, machte man ihnen daher doch so viel als möglich Platz, und schon waren sie jetzt bis nahe zu den Schweizern gelangt, als plötzlich eine jugendliche Stimme im Tone der Ueberraschung rief: „Der junge Prinz!"

Es war Giuditta die mit ihrer Freundin hier ebenfalls einen Platz gewonnen, und der dieser Ausruf im freudigen Schrecken des so baldigen Wiedersehens unwillkürlich entschlüpft war. Jetzt freilich übergoß sie die Schaam mit Purpurröthe, und, hinter Veronica schlüpfend, verbarg sie sich wie ein schüchternes Reh vor dem Falkenauge seines Verfolgers.

Aber der Ruf: „Der junge Prinz!" war auch an die Ohren der hier postirten Schweizer gelangt, und da für sie das Wort Principe einen Befehl enthielt, so öffneten sie ehrerbietig die Reihe und stießen salutirend ihre Hellebarden auf den Boden.

Der ältere Mann wechselte rasch einen Blick mit dem Knaben, den dieser kühn-aufflammend zurückgab, und beide schritten fest und mit nobler Miene durch die Wachen in den Kreis der Prinzen, Herzöge, Grafen und Marquis.*)

Kaum war dies geschehen, als die Ceremonie begann. Eine Seitenthüre öffnete sich, und, geführt von einem Bischofe, traten die zwölf aus verschiedenen Nationen gewählten ehrwürdigen Greise ein, welchen der Stellvertreter Christi — das Beispiel des Heilandes nachahmend — heute die Füße waschen sollte.

Alle zwölfe waren in lange weiße Kleider gehüllt. An den Füßen trugen sie Schuhe ohne Schnallen mit Bändern zugebunden, während die Strümpfe, die mit den Beinkleidern Ein Stück ausmachten, so eingerichtet waren, daß man sie über den Fuß hinaufziehen konnte, ohne das Bein entblößen zu müssen.

Nachdem sie sämmtlich eingetreten, nahmen sie schweigend auf einer Erhöhung von drei Stufen Platz.

Da mit einemmale öffnete sich die große Hauptthüre — eine allgemeine Bewegung durchflog den weiten Raum — — dann trat eine ehrfurchtsvolle Stille ein. Der heilige Vater nahte sich aus dem Innern des Vatikans.

Zuerst erschien der Weihbischof mit Gefolge, dann zeigten sich sämmtliche in Rom anwesende Cardinäle, jeder gefolgt von zwei Ehrencavalieren, einem Caplan und einem Schleppträger, der den Hermelinmantel vor dem Nach-

---

*) Historisch.

schleifen bewahrte. Es war eine großartige, imponirende Versammlung, diese zwanzig Kirchenfürsten, deren stolzen Mienen man es ansah, daß sie sich den Königen der Erde gleichachteten. Wie Könige erschienen sie und wie Könige auf ihren Thronen, nahmen sie jetzt Platz auf ihren, in einem weiten Halbkreise aufgestellten vergoldeten Sesseln.

Da nahte sich die päpstliche Nobelgarde — die Ehren-bedeckung seiner Heiligkeit — von der jeder Einzelne Ca-valier und Edelmann ist, und in ihrer Mitte erschien, ge-folgt von Schaaren von Geistlichen, in einem prachtvollen Lehnstuhle auf den Schultern getragen, überragt von einem kostbaren Baldachin, zu beiden Seiten die Träger der un-geheuren Fächer aus weißen Pfauenfedern, voran das aus Edelsteinen und Diamanten mit unübertrefflicher Kunst gearbeitete Kreuz . . . . . der Papst.

Clemens XIV. — der edle Freund Winkelmanns, der vortreffliche Mensch, der beste der Päpste, aber der ent-schiedene Gegner der Jesuiten — sah fast traurig und nie-dergeschlagen vor sich hin. Er mochte den Widerspruch fühlen, der in einem solch', über die Maßen pomphaften Aufzuge und dem einst so bescheidenen Auftreten des Men-schen lag, für dessen Stellvertreter er hier galt. Ueber dem weißen Gewande trug er einen rothen Sammetmantel, und auf dem Haupt die weiße goldgesäumte Bischofsmütze. Als ihn die Träger niedergesetzt, und vier Ehrencavaliere ihm beim Aussteigen die Hände geboten, reckte er die seinen segnend aus, und wie mit einem Zauberschlage lag die ganze Versammlung auf den Knieen — die Cardinäle aus-

genommen, die nur aufgeſtanden waren und ſich jetzt tief
verbeugten.

Der Moment war groß, weil Jeden die in ihm liegende
Idee mit magiſcher Gewalt erfaßte: — — die Idee der
unerreichbaren, unfaßlichen Größe und Erha=
benheit des Ewigen, vor der jede Creatur in den
Staub ſinkt.

Und wie mit Engelszungen erſchallte es:

„Benedictus — — benedictus, qui venit in no-
mine Domini!"*)

Als die Töne langſam und ſanft verklungen und die
Verſammlung ſich erhoben, traten ſieben Biſchöfe vor, den
Papſt ſeiner irdiſchen Herrlichkeit entkleiden zu helfen.

Sofort legte denn auch Clemens XIV. ſeinen ganzen
pontificalen Ornat und ſeine Mitra ab, um, lediglich in
einen weißen Talar gehüllt, die Fußwaſchung, in Beglei=
tung zweier Cardinäle und ſeiner Haußkapläne, zu beginnen.

Da tönte es wieder in ſanften Tönen:

„Agnus Dei, qui tollis peccata mundi, miserere
nobis! Dona nobis pacem!"**)

Und die Greiſe entblößten den rechten Fuß, und wäh=
rend einer der Cardinäle aus einer goldnen Kanne Waſſer
in das goldene Becken goß, das der andere Cardinal unter=
hielt, träufelte der Papſt einige Tropfen auf den Fuß eines

*) Gelobt ſei der, der da kommt in dem Namen des Herrn!
**) Lamm Gottes, das der Welt Sünden trägt, erbarme Dich
unſer! Verleih uns Frieden!

Jeden und trocknete ihn mit einem feinen weißem Tuche
ab. Dann wurde jedem der Greise ein Blumenstrauß von
weißen Blumen und ein Päckchen mit einigen Goldstücken
überreicht, worauf sie sich zu Tische begaben und der hei=
lige Vater sie in eigener Person bediente.

Gewöhnlich geschieht dies nur formel, beim ersten Ge=
richt und mit dem ersten Glas rothen Wein. Cle=
mens XIV. that es während des ganzen Essens und die
Leutseligkeit, mit der er es that und die fast schmerzliche
Milde, die sich dabei in seinen Zügen ausdrückte, bewiesen,
daß ihm diese Art der Demuth und ächt=christlichen Be=
scheidenheit kein leeres Spiel, kein vages Ceremoniel sei,
sondern daß er dabei fühle und ihm die Sache von Herzen
gehe. Ein Hauch der Schwermuth umflorte dabei sein
edles Antlitz, als ob die Flügel des Todes es jetzt schon
berührt.*)

Unterdessen waren auch die Cardinäle zu der für sie
bestimmten Tafel gegangen und hatten — nachdem sich der
heilige Vater zurückgezogen — Platz auf ihren kostbaren
Sesseln genommen. Da aber mit dem Papste auch die
Nobelgarde verschwunden und die Schweizer ihren Kreis
enger gezogen hatten, so daß das Volk näher hinzutreten
konnte, wurden die innerhalb der Wachen befindlichen Prin=
zen, Fürsten, Grafen u. s. w. der Cardinals=Tafel so nahe
gedrängt, daß sie zum Theil zwischen die Sessel der Emi=

---

*) Clemens XIV. starb bekanntermeise wenige Jahre später,
in Folge der Aufhebung des Jesuitenordens, an Gift.

nenzen zu stehen kamen. An ein Zueinanderhalten war
dabei nicht zu denken, und so wurde auch jener hübsche
Knabe, den Giudittas Scharfblick sogleich als einen
jungen deutschen Prinzen erkannt hatte, von seinem ältern
Begleiter getrennt und von dem Gedränge zwischen die
Sessel der Kardinäle Pallavicini und Gazzola ge=
schoben.

Pallavicini bemerkte ihn bald, und da ihm der
geniale Ausdruck des augenscheinlich fremden jungen
Mannes nicht entging, bog er sich zu dem hinter ihm
stehenden Prinzen Doria und frug ihn leise: Wer der
Knabe sei?

„Bedaure, Eminenz nicht dienen zu können!" — erwie=
derte dieser, — „Niemand hier kennt ihn."

„Er scheint ein Deutscher zu sein?" — bemerkte Palla=
vicini weiter.

„Ohne Zweifel," — sagte Fürst Borghese, der
neben dem Prinzen Doria stand, — „denn er unterhielt
sich in dieser barbarischen Sprache mit seinem Hofmeister."

„Und wissen auch Sie nicht, wer er ist? Ich interessire
mich für die nette Erscheinung."

Fürst Borghese zuckte mit den Achseln:

„Einige wollen wissen; er sei ein deutscher Cavalier,
Andere behaupten er sei ein deutscher Prinz."*)

„Nun," — sagte der Kardinal, — „das wollen wir

*) Historisch. Nissen: Seite 191. Vater Mozarts Brief Nr. 74.
Jahn: I. Thl. 2. Buch. S. 200.

bald wissen, man muß nur an die rechte Quelle gehen!" —
Und sich mit freundlicher Miene zu dem Besprochenen
wendend, frug er auf schlecht deutsch:

„Wollen Sie nicht die Güte haben, mir im Vertrauen
zu sagen, wer sie sind?"

Der Gefragte lächelte; denn da er fast eben so gut
italienisch als deutsch sprach, hatte er die ganze Unterhaltung gehört und verstanden.

Aber dies Lächeln war so fein und schlau, daß es
seinen Zügen nur einen noch geistigern Ausdruck gab, als
er mit einer leichten und gefälligen Verneigung in italienischer Sprache sagte:

„Eminenz zu dienen: ich bin der hochfürstlich Salzburgische Conzertmeister Amadeus Mozart!"

Die Stirne des Prinzen Daria und des Fürsten
Borghese legten sich bei diesen Worten in düstere Falten,
des Kardinals Gesicht aber verklärte sich vor Freude:

„Amadeus Mozart!" — wiederholte er so laut, daß
die ganze Umgebung es hörte. — „Ei! so sind Sie der
berühmte Knabe, von dem mir so Vieles geschrieben
worden ist?"

„Und Sie," — entgegnete Amadeus, — „sind wohl
Kardinal Pallavicini?"

„Der bin ich!" — versetzte die Eminenz erstaunt. —
„Warum? und woran erkennen Sie mich?"

„An der Aehnlichkeit mit Ihrem Bruder, dem Feldmarschall Grafen Pallavicini zu Bologna, von dem

wir Empfehlungsbriefe an Eure Eminenz haben. Wir waren bereit sie dieser Tage abzugeben."*)

„O das ist schön!" — rief der lebenslustige Priester, der zugleich ein großer Verehrer der Musik war. — „Ich freue mich herzlich auf Ihren Besuch!" — und damit reichte er Amadeus seine Hand zum Kusse, die der Knabe aber nur auf ächt deutsche Weise wie einem Freunde drückte und schüttelte.

Pallavicini lachte über diese Verwechslung. Dann sagte er:

„Wie alt sind Sie jetzt?"

„Vierzehn Jahre!" — entgegnete Mozart.

„Vierzehn Jahre!" — wiederholte der Kardinal, indem er sich zu dem Prinzen Doria und dem Fürsten Borg= hese wandte — „und Conzertmeister und Mitglied der Philharmonischen Gesellschaft zu Bologna! Mein Sohn, das will viel heißen. Und wie schön Sie italienisch sprechen. Aber"... setzte die Eminenz hinzu.... „Ick kan auk ein benig deutsch sprekken!"**)

Eine Anrede des Kardinals Gazzola, die Palla= vicini in Anspruch nahm, unterbrach auf Minuten das Gespräch mit dem jungen Musiker. Während dessen hatten sich aber auch die beiden Fürsten mit dem kleinen kecken Eindringling versöhnt; denn die Kunst hat in Italien — mehr als in irgend einem andern Lande — einen Freibrief, der, bei den Gebildeten, meist so viel als ein Adelsbrief gilt.

---

*) Die ganze Unterredung ist dem Wortlaut nach geschichtlich.
**) Historisch.

„Nun!" — sagte daher jetzt Fürst Borghese, — „da Sie ein so ausgezeichneter Musiker sind, freuen Sie sich gewiß auch recht auf das weltberühmte Miserere des Allegri, das, wie Sie wohl wissen, heute Abend in der Sixtinischen Kapelle gesungen wird."

„O gewiß!" — rief mit leuchtenden Augen Amadeus. — „Ich habe schon so viel davon sprechen hören, daß gerade dieses Miserere ein Hauptgrund war, warum ich mich so sehr nach Italien und Rom sehnte!"

„Es ist das Größte, was die Kirchenmusik kennt!" — versetzte Prinz Doria stolz. — „Es ist daher den Musikern und Sängern der Kapelle seiner Heiligkeit bei Strafe der Excommunication verboten, auch nur eine Stimme davon aus der Kapelle wegzutragen, zu copiren oder Jemanden zu geben."

„Und dadurch," — fuhr Fürst Borghese fort, — „ist Rom allein die Stadt, wo man dasselben hören kann."

Wolfgang antwortete nicht; aber es ging ihm sichtlich ein großer Gedanke durch den Kopf.

Die Kardinäle standen jetzt auf, — denn auch diese Tafel war eigentlich nur zum Schein und um des Volkes Willen abgehalten worden, und Alles bereitete sich zum Weggehen, da Jedes nach einer Stunde der Ruhe und der körperlichen Stärkung verlangte, um sich dann zu den Lamentationen und dem Miserere zu begeben.

Auch Kardinal Pallavicini hatte sich erhoben: noch einmal wandte er sich mit auffallender Freundlichkeit Amadeus zu:

„Nun, mein Herr," — sagte er — „wenn Sie auch
kein deutscher Prinz sind, wie man hier glaubte, so werden
Sie doch sicher einst ein König im Reich der Töne sein.
Ich darf Sie also, im Namen der hier anwesenden hohen
Gesellschaft, mit der Versicherung entlassen, daß Rom sich
Ihrer Ankunft freut. Ich selbst erwarte Sie gleich nach
den Feiertagen und verspreche Ihnen eine mindestens
ebenso freundliche Aufnahme, als sie bei meinem Bruder
fanden."

Und mit diesen Worten reichte ihm seine Eminenz noch
einmal die Hand, die Wolfgang — dem Beispiele seiner
Umgebung folgend — jetzt küßte; worauf der Kardinal
das Baret vom Haupte nahm, — eine Ehrenbezeugung die von den Kirchenfürsten sonst nur Königen
und Prinzen zugestanden wird — und ihn mit einem
höflichen Complimente entließ.*)

Die Hellebarden der Schweizer klirrten auf dem Boden,
und der „junge Prinz," der zukünftige König der
Töne, schritt freudig durch die Reihen der Wache.

---

*) Historisch.

Das Miserere.

Wolfgang Amadeus hatte in der kurzen Zeit, die ihm und dem Vater zur Erholung gegönnt war — denn sie mußten eilen, um in der Sixtinischen Capelle Platz zu bekommen — fast nichts genossen. Der Knabe war heute aufgeregter, als bisher jemals in seinem Leben. Stand doch die Stunde vor ihm, nach der er sich schon seit zwei Jahren gesehnt, — gesehnt, mit aller Kraft seiner Seele, — gesehnt, seitdem er die großen alten Meister der Kirchenmusik kennen gelernt.

Mit Palestrina war ihm eigentlich erst bewußt geworden, was Musik heißt!

O wie schön, wie erhaben, wie göttlich waren die einfachen Tonstücke dieses großen Meisters, die er als Missa Papae Marcelli einst dem heiligen Vater überreicht, und die im Santa Maria maggiore die gesammte Kirchenmusik vom Untergange retteten. „Ja!" — hatte schon damals, als er dieser Tonschöpfungen ansichtig wurde, der Knabe Amadeus gerufen: — „Ja! diese Musik stammt nicht von der Erde: sie ist dem Himmel entnommen!" — Und heute, heute! sollte er die große mysteriöse Schöpfung Allegris, das große Meisterwerk dieser alt=ehrwürdigen Musik hören — jener Musiker, den feierliche Klänge in gleichen Intervallen wie Gottes Stimme tönen!

Da sind keine — oder fast keine — jener verbindenden Accorde, um vermittelst derselben eine Causalität und eine Abhängigkeit zwischen den großen Offenbarungen des Ab= soluten zu Wege zu bringen; keine jener üppigen oder pathe= tischen Dissonanzen — das Bild unserer Glückseligkeit eines Augenblickes, unserer vorübergehenden, weichen oder aufgeregten Stimmung; kein Rhythmus, der dem Fluge der Zeit folgt, nach den Pulsationen eines sterblichen Her= zens gemessen; mit einem Worte, nichts, was einen welt= lichen Gedanken erweckte und die Sprache fleischlicher Leidenschaften spräche. Das ist eine Kirchenmusik, wie nie Jemand eine wahrhaftere componirte. Sie ent= hält durchaus keine profane Beimischung, sie ist von einer ewigen Schönheit, weil sie auf etwas Unwandel= barem, so zu sagen auf der elementaren Verwendung des Accordes ruht; sie ist antique, und das ist einer ihrer kost= barsten Vorzüge, weil ihre Antiquität kein Alter kennt,*) und sie so — in ihrer ungeheuren Einfachheit, und impo=

---

*) Siehe Oulibicheff über Palestrina II. Thl. S. 88 — 90.

nirenden Größe — mächtig zu der Verehrung beiträgt, die
in jeder edlen Seele für das Heilige glüht!

Nur ein Mensch, der ganz und gar in der Musik
lebt, ... der ganz und gar Musik ist: in seinem Leben
und Weben, Dichten und Trachten, Denken und Fühlen,
Wollen und Sehnen, wie Mozart — in jenem kindlichen
Alter zum Theil noch unbewußt, in späteren Jahren mit
dem vollen Bewußtsein unerreichter Genialität — nur ein
solcher ganz eigen organisirter Mensch, konnte einer Stimmung fähig sein, wie diejenige war, in der sich Amadeus
jetzt befand. Sie ist daher so exceptionel, daß sie nicht
beschrieben, sondern nur geahnt werden kann: ähnlich der
Stimmung des Kindes vor der noch verschlossenen Thüre,
hinter welcher sich die Herrlichkeit des Weihnachtsbaumes
birgt; — ähnlich der Stimmung der aufkeimenden Rose,
über die, in schwüler Sommernacht, der erste Hauch eines
Gewitters fährt; — ähnlich der Stimmung, die — unaussprechlich selig und doch süß beklemmend — der Geliebten
Herz durchzittert, wenn der Geliebte den ersten Kuß als
Gatte in der Brautnacht auf ihre Lippen drückt.

Wohl war der alte praktische Capellmeister, der doch
gewiß als ein begeisterter Freund der Musik gelten konnte,
auch auf das Höchste gespannt, jenes wundervoll von dem
päpstlichen Stuhle so argwöhnisch geheimgehaltene Miserere zu hören; — wohl war auch er durch diese Erwartung und alles, was er heute gesehen, gehört und erlebt
hatte, aufgeregt ... aber dennoch theilte er die fieberhafte
Stimmung Wolfgangs nicht.

Indessen wagte er doch nicht den Knaben darüber zu besprechen oder zu tadeln, ... der Vater ahnte ja bereits instinktmäßig die in seinem Sohne schlummernde Größe. Auch verkündete ihm Wolfgangs auffallende und ganz ungewöhnliche Schweigsamkeit, daß etwas Ungewöhnliches in seinem Innern vorgehe. Auf Großes gefaßt, ließ er daher, als kluger Mann, dem inneren Brüten und Schaffen des jungen Genies völlig freien Spielraum.

So traten sie in die Sixtinische Kapelle. Aber!.... welch' ein Anblick! Die Welt hat ihn nur einmal!.... Siebenhundert fünfunddreißig brennende Wachs- lichter erhellten den ungeheuren, mit Menschen schon ange- füllten Raum; — dreihundert und neunundvierzig flammten allein auf und an dem Hochaltare .... fünfzehn armsdicke gelbe Kerzen leuchteten, wie Sterne erster Größe, von dem riesigen Kandelaber mit fünfzehn Armen, der Mitten im hohen Chore, wie ein Riese aus Erz stand.

Und welche schönen, imponirenden Verhältnisse des Baues! Die gewölbte Decke, die sich, wie die Kuppel des Himmels über den ungeheuren Raum spannt. Die Wände von alten Florentinern in Fresco gemalt. Dem Eingange gegenüber, an der hinteren Wand: Michel Angelos weltberühmtes jüngstes Gericht.

Wolfgang Amadeus, leise zitternd, vor Erregung, stand erschüttert: Sein ächtes Künstlergemüth, seine weiche empfängliche Seele, seine — der katholischen Kirche ange- hörige Religionsanschauung, — seine glühende Phantasie .... alles, alles dies erfaßte die furchtbar große meisterhafte

Darstellung des furchtbar großen Gedankens mit unwiderstehlicher Gewalt.

Jeder Heilige stand, riesig und groß, wie ein Titane,
vor seinen Blicken; das Entsetzen aber, die Qual und die
Verzweiflung der Verdammten erfüllte seine Seele mit
beklemmender Furcht. — — Er schaute und schaute —
und die Farben wurden Töne — — furchtbar-gewaltige
Töne: Jubelhymnen und Schmerzensschreie; — ein Auf-
jauchzen der Erwählten und ein Mark und Bein zer-
reißendes Wehegeheul der Verdammten.

Plötzlich sah der Vater seinen Wolfgang erblassen.
Erschrocken bog er sich zu ihm nieder und frug, was ihm
fehle; aber Amadeus schüttelte nur den Kopf und wandte
sich von dem entsetzlich erhabenen Gemälde ab.

Da mit einem Male trat die Geistlichkeit ein und fast
in demselben Momente erlöschten — wie durch Zauber —
alle die zahllosen Lichter .... bis auf jene fünfzehn riesige
Kerzen auf den fünfzehn Armen des Kandelabers,
.... die ganze sixtinische Capelle lag in fast gespenste-
rischem Dunkel. Und nun begann, von 32 Sängern —
unter welchen sich der berühmte Christofori befand —
mit vollendeter Kunst ohne Begleitung von Instrumenten
vorgetragen, das Matutino delle tenebre. Es besteht
diese großartige Schöpfung aus 15 Psalmen und einigen
Gebeten, und beschließt mit dem Miserere.

Todtenstille herrschte ringsumher. Und wie nach
jedem vollendeten Psalme eines der fünfzehn Lichter
auf dem fünzehnarmigen Leuchter erlosch, und die Kirche

immer dunkler und dunkler, und der Gesang immer
inniger und tiefer und schmerzlicher wurde, da war es, als
ob die Klagen einer zum Tode verwundeten Nachtigall zum
Himmel emporstiegen; — da war es, als ob diese Töne
auf ihren unsichtbaren Schwingen den Schmerz der ganzen
Menschheit über das Leiden des größten und edelsten ihrer
Söhne hinauftrügen vor den Thron des ewigen Allgeistes!

Und heiße Thränen lösten sich bei diesen Klängen von
den Herzen der Hörer und sie vergaßen, daß sie Staubge=
borne seien, in einer staubgebornen Welt.

Und als nun der fünfzehnte Psalm vollendet und
das fünfzehnte und letzte Licht erloschen war, und über
der ganzen weiten sixtinischen Capelle Grabesfinsterniß
ruhte, da hob das Miserere an.

Der Eindruck war unbeschreiblich. Wolfgang Ama=
deus sah nichts mehr, er fühlte nichts mehr körperlich, er
athmete fast nicht mehr .... er war nur Ohr, sein Da=
sein nur ein geistiges!

Das konnten ja keine menschlichen Stimmen sein, die
da sangen; .... das waren Chöre der Seligen, ... Melo=
dien, deren unendliche Einfachheit und Reinheit dem
Himmel entstammten. Das war Musik im Strahlen=
kranze heiliger Unsterblichkeit! *)

Und wie Wolfgang hörte und hörte, da überlief es
ihn heiß mit Entzücken und fröstelte ihn wieder bis in die
Tiefe seiner Seele, wenn die musikalischen Zahlenverhältnisse
und die mystischen Regeln des Contrapunktes, wie ein

---

*) Jahn: 1. Theil. 2. Buch. S. 200 Anmerkung 7.

Zucken des Blitzes seinem Geiste sich einprägten. Das
in Tönen offenbarte Geheimniß der Ewigkeit und Unend=
lichkeit lag vor ihm aufgedeckt — — aber es erfüllte ihn
mit geheimnißvollen Schauern, mit innerem Grausen!

Das Miserere war längst verstummt, . . . — Ama=
deus stand unbeweglich. . . . Ein ungeheures Kreuz, von
Hunderten von Lichtern erhellt, war plötzlich von der
Kuppel der Kirche herabgeschwebt und hatte die Finsterniß
des Grabes mit einem Lichtmeer überwältigt . . . . . Es
war ein zauberhafter Effect. Amadeus bemerkte es nicht,
. . . er stand unbeweglich. Die ungeheure Menschenmenge
hatte sich verlaufen, nur wenige Nachzügler gingen be=
dächtig den Ausgängen zu. . . . Amadeus bemerkte es
nicht . . . . . er stand noch immer unbeweglich.

Da neigte sich der Vater, der in der That anfing be=
sorgt zu werden, liebevoll zu dem Sohne, und flüsterte
ihm zu.

„Wolfgang! es ist Zeit, daß wir gehen!"

Wolfgang fuhr zusammen. Er war wie aus einem
Traume erwacht — und starrte den Vater groß an. Dann
fuhr er sich mit der Hand über Stirne und Augen, sah
sich um . . . . als wolle er sich erinnern, wo er sei, und was
sich hier zugetragen, ... nickte und folgte dem Vater
schweigend.

Kein Wort kam auf dem ganzen Wege über seine
Zunge; auch der Vater schwieg beklommen und war froh,
als Amadeus zu Hause in das gemeinsame Bett eilte.
Kaum aber war der Alte an Wolfgangs Seite ent=

schlafen, als der Sohn leise aufstand, die Lampe anzün=
dete und Notenpapier zurechtlegte. Dann ging er, und
öffnete eines der Fenster.

Da lag es zu seinen Füßen, das ewige Rom, — das
ungeheure Grabmal vieler Jahrtausende, das Mausoleum
einer halben Weltgeschichte, und eine göttlich schöne Nacht
breitete das Leichentuch des Mondlichtes über es aus.

In mäßiger Entfernung aber erhoben sich die Triumph=
bogen des Septimius Severus, des Titus und des Kon=
stantin, geschmückt mit den stolzen Inschriften, die diese
siegreichen Kaiser zu Göttern erheben. „Die gefangenen
Sclaven, die schmerzdurchwühlten, schweigend=duldenden
Barbarenkönige, die unglücklichen vertriebenen Juden, die
Zierrathen ihres zu Jerusalem zerstörten Tempels, den
siebenarmigen Leuchter und Tisch der Schaubrode tragend,
sie Alle blickten noch von diesen Denkmalen hernieder in
jener Demüthigung in der die Hand des Künstlers sie fest=
bannte zu ewigem Bestehen.

Und — — wie dort — — weiter hinaus — die
Säulen des Concordientempels, die schönen Trümmer der
Kaiserpaläste, in ernster Majestät emporragen. Sie stan=
den schweigend in der schweigenden Nacht, und doch for=
derten sie, die den Stürmen von Jahrtausenden trotzend,
Kunde gaben von dem starken Wollen der Vergangenheit
— mit gewaltiger Beredsamkeit auf: gleichfalls
Großes, gleichfalls Gewaltiges zu leisten!

Amadeus durchzuckte es wie mit Flammen. Noch
einen Blick warf er auf die Zeichen ewiger Größe, noch

einmal schaute er nach dem prachtvollen Nachthimmel empor, dann schloß er rasch das Fenster und ging an den Tisch mit dem Notenpapier.

Als die Sonne des kommenden Tages die Erde begrüßte, warf sie ihre ersten Strahlen über einen Knaben, der aus Müdigkeit und Erschöpfung entschlummert war. Aber ... sie vergoldete auch beschriebene Notenblätter, die neben dem jungen Schläfer lagen und auf diesen Notenblättern stand .... das **Miserere von Allegri!**

Der **vierzehnjährige Wolfgang Amadeus Mozart** hatte das Ungeheure, das Unbegreifliche, das Unglaubliche geleistet ..... er hatte jenes, so eifersüchtig, bei Strafe der Excommunication ge= heimgehaltene Meisterwerk — — er hatte das gestern zum erstenmale gehörte Miserere von Allegri aus der Erinnerung fehlerfrei nachgeschrieben.*)

---

*) Alexander Oulibicheff, Ehrenmitglied der philharmo= nischen Gesellschaft zu St. Petersburg sagt in seinem bekannten Werke über Mozart, in Beziehung auf dies merkwürdige Ereigniß: „Er schrieb das Miserere von Allegri aus dem Gedächtnisse, nach= dem er es nur einmal am Gründonnerstag, dem Tage seiner Ankunft gehört hatte. Am Charfreitag wurde das Werk wiederholt. Mozart nahm sein Manuscript unter den Hut und notirte unter demselben heimlich, was noch fehlte, um die Copie so genau als möglich zu machen. Als, viele Jahre nachher, dieselbe mit der authentischen Copie verglichen wurde, die sich Burney von dem Capellmeister Santarelli zu verschaffen wußte, so soll, nach Aussage des Er= steren, auch keine Note gefehlt haben.

Obgleich diese Erzählung — fährt Oulibicheff fort — schon lange und sehr allgemein bekannt ist, so schien mir dieselbe doch so unglaub=

lich, daß ich sie lange Zeit, ich gestehe es, nur als eine hyperbolische Ausschmückung der Geschichte Mozart's betrachtet habe, weil ich wohl weiß, wie gern man da noch zu steigern pflegt, wo bereits der Anschein des Wunderbaren vorliegt. Das Werk des Herrn v. Nissen hat mich aber von der Wirklichkeit der Thatsache überzeugt, weil sie darin in einem Briefe L. Mozart's an seine Frau berichtet wird. Ich habe meine Meinung nicht leichthin aufgegeben u. s. w.

Wenige Tage später spielte Wolfgang das Miserere dem berühmten Kastraten Christofori, der es einige Tage vorher in der Kirche gesungen, Note für Note vor. Christofori wußte sich vor Erstaunen nicht zu fassen, was derjenige begreiflich finden wird, der es weiß, welch' ganz andere Schwierigkeiten, die im alten Kirchenstyl geschriebene Musik Allegri's darbietet, als jede andere Composition. — — —

Jahn: I. Theil. 2. Buch. S. 199.

Giuditta.

Welch ein freudiger Morgen folgte aber dem so be=
wegten Tage! Vater und Sohn waren glücklich; — Vater
und Sohn waren in einer Stimmung, daß sie die ganze
Welt hätten umarmen können!

Jetzt war Wolfgang wieder er selbst: der heitere,
geniale, immer lustige junge Mensch; — ein Kind nach
der äußeren Seite des Lebens hin, ein gereifter
Mann in allem was Musik und musikalisches
Leben betrifft. Von der gestrigen großartig=gehobenen,
fast beängstigenden Spannung, war keine Spur zurückge=
blieben. Sie hatte sich in einer That concentrirt und
manifestirt, — man könnte sagen, wie ein segenbringendes
Gewitter entladen — und nun strahlte wieder der Himmel
im reinsten Blau.

Er war voll Tollheiten und ausgelassen wie nie, als

daher der Vater in seiner Seelenfreude nach Salzburg an die Mutter über ihre Ankunft in Rom und das Wunder mit dem Miserere geschrieben, setzte er noch folgende Zeilen als närrische Nachschrift daran:

„Ich bin, Gott Lob und Dank! nebst meiner miserablen Feder gesund und küsse Mama und Nannerl tausendmal. Ich wünschte nur, daß meine Schwester zu Rom wäre, denn ihr würde diese Stadt gewiß wohlgefallen. Die Peterskirche ist herrlich und Alles ist herrlich hier. Die schönsten Blumen tragen sie jetzt vorbei; den Augenblick sagte es mir der Papa. Ich bin ein Narr, das ist bekannt. O ich habe eine Noth. In unserem Quartier ist nur ein Bett. Das kann die Mama sich leicht einbilden, daß ich bei dem Papa keine Ruhe habe. Ich freue mich auf das neue Quartier. Jetzt habe ich just den heiligen Petrus mit dem Schlüsselamt, den heiligen Paulus mit dem Schwert, und den heiligen Lukas mit meiner Schwester 2c. abgezeichnet — — Ich habe auch die Ehre gehabt, des heiligen Petrus Fuß zu St. Pietro zu küssen, und weil ich das Unglück habe, so klein zu sein, so hat man mich als den nämlichen alten
Wolfgang Mozart
hinauf gehoben."*)

„Das ist wieder rechter Unsinn!" — sagte der Vater lächelnd, als er die flüchtig hingeworfenen Zeilen über=

*) Wörtlich getreue Nachschrift des Briefes vom 14. April 1770. Nissen: S. 193.

flogen. — „Man sollte nicht glauben, daß dies Kauder-
welsch derselbe Mensch geschrieben habe, der heute
Nacht . . . ."

„Ich bitte dich Papa!" — rief Wolfgang in komischem
Pathos und schlang seine Arme so fest um des Capellmeisters Hals, daß dieser fast erstickte: —

„Ich bitte dich, nichts von gestern Abend und heute
Nacht. Wir leben am Morgen, und der Morgen ist so
schön — und — Unsinn treiben ist auch schön. Ich muß
manchmal ausschlagen, und wenn ich die Nannerl hier
hätte, so würde ich sie küssen wie toll und würde die tollsten Streiche mit ihr machen. Aber eines Papa ist in
meinem schönen Briefe wahr: ich sehne mich nach einem
neuen Quartier!"

„Nun," — versetzte der Vater — „das wird auch nicht
auf sich warten lassen. Man erwartet uns ja schon, in
Folge der freundlichen Fürsorge unseres edlen Gönners
Farinelli, im Hause des päpstlichen Couriers Uslinghi.
Denn hier, weißt du, stiegen wir ja nur für einen Tag und
eine Nacht ab, um bei unserer Ankunft unbekannt und un-
genirt zu sein.

„O!" — rief Wolfgang — „dann laß uns eilen, das
neue Logie zu beziehen!"

Der Vater willigte gern ein. Er schloß seinen Brief
packte ihre Effecten zusammen, regelte die kleine Rechnung,
und begab sich mit Amadeus auf den Weg, das Gepäcke
der Besorgung des Wirthes überlassend, der — als er
hörte, daß sie bei dem päpstlichen Courier Uslinghi

wohnen würden — einen gewaltigen Respekt vor den beiden
Deutschen bekam; denn bei Uslinghi logirten stets nur
dem päpstlichen Hofe nahestehende Personen.

So erreichten sie denn auch, mit Hülfe eines Führers,
bald das gedachte Haus, das ein ganz anständiges und
freundliches Aeußere hatte. Da die Thüre offen stand,
traten sie ungenirt ein, und gelangten durch einen kühlen
Gang in einen noch kühleren, von steinernen Bogengängen
umgebenen, Hof. Mächtige Weinstöcke umrangten hier
die Pfeiler und Bogen und senkten leicht und gefällig einzelne Zweige herab, mit welchen der Wind leise spielte;
während die kräftige Wassersäule, die in der Mitte des
Raumes aus einem halb zerfallenen antiken Marmorbecken
sprang, das Ganze durch ein behagliches Plätschern belebte.

Auf dem Rande des Springbrunnens aber saß eine
Frau in der Tracht der römischen Bürgerrinnen, die
Spindel in der Hand, und spann. Als sie die Eintreten-
den gewahrte, stand sie rasch auf, und ging ihnen rüstigen
Schrittes entgegen, als ob es Bekannte wären, indem sie,
zu Vater Mozart gewandt freudig ausrief:

„Alle Heiligen zum Gruße! denn ich müßte mich sehr
irren, wenn Ihr nicht Monsignore Mozart sein solltet,
den mir, sammt dem kleinen maestro illustrissimo, Signor Farinelli so warm empfohlen hat.“

„Capellmeister Mozart bin ich allerdings!“ —
entgegnete nach seiner schlichten deutschen Weise der Angeredete — „und das da, ist auch mein Sohn, der Concertmeister; aber, liebe Frau, wir sind weder Prinzen, wie

man hier geglaubt hat, noch Monsignore, noch illustrissimo."

„Ei was!" — rief jene lachend — „das ist einmal bei
uns so Art und Sitte! In Rom heißt es: Al Gato del
Papa si dice Monsignore! (Der Kater des Papstes
heißt gnädiger Herr). So ein Bißchen Uebertreibung findet
Ihr überall. Waren hundert Menschen bei einem Zu=
sammenlaufe, und es wird davon erzählt, so waren es
zehntausend! . . . spricht man Euch, als Musiker, von
einem Concertsaal, so ist das l'Anticamera del Paradiso!
(ein Vorzimmer des Paradieses); . . . jedes Haus, das
zwei Fenster mehr hat, als ein ganz gewöhnliches, ist hier
ein Pallazzo, und jeder alte Stein miraviglie! (wunder=
bar.) O! Ihr werdet in Rom der Wunder gar viele er=
leben: ein Principe oder Marchese von dreitausend Scuti
Einkommen spricht von seinem Corté! (Hofe) und manche
Donna im größten Staate und einen Bedienten hinter
sich, hat oft nur ein Hemde! Hier ist Alles Schwindel,
mein Bester!"

„Mich freut Ihre Offenheit, liebe Frau!" — versetzte
Vater Mozart heiter. — „Mit offenen Menschen kommt
man immer am besten zurecht. Da Sie indessen errathen
haben, wer wir sind, wollen wir nun auch das gleiche von
Ihnen thun: Sie sind wohl die Gattin des päpstlichen
Couriers Uslinghi?"

„Ja, die bin ich!" — sagte die Frau mit nicht geringem
Stolze — „und da sich mein Mann in Geschäften des
heiligen Vaters in Portugal befindet, und nur ich und

mein Töchterchen hier sind, so sollt ihr Herr des Hauses
sein, und wir wollen Euch und den kleinen Maestro auf
den Händen tragen! Und gewiß!" — setzte sie in einem
Erguß hinzu, der wie ein Bergstrom nach einem Gewitter
immer mehr anschwoll — „es wird Euch bei uns gefallen.
Herrscht auch in Rom, wie ich vorhin sagte, viel Schwindel,
so ist und bleibt doch Rom die erste Stadt der Welt. Ich
selbst bin zwar nie aus Rom hinausgekommen, aber Us=
linghi hat mir es tausendmal gesagt, ... und der hat
die Welt gesehen, wie Keiner! Und wißt Ihr, Excellenza,
wie Uslinghi immer sagt, er sagt: „Es lebe Rom und
Neapel!" Rom für die Kunst und das Leben, Neapel für
die Natur! In Neapel ist man im Paradies und in Rom
im Himmel!"

Und die gute Frau! hatte sie in ihrem heiligen Eifer
für die ewige Stadt nicht recht? Ruft nicht auch der Phi=
losoph der Philosophen: In Rom lebt man wie die Götter!
Man scherzt im Genusse der Kunst und Natur bei einem
Glas Eiswasser und einer Pagnotta, man steigt hinauf zu
Raphael in den Vatican, und vergessen sind alle Sorgen
und jeder Kummer!

Und sieht die geistige Rückerinnerung nicht noch mehr,
als das leibliche Auge? Italiens stets blauer wolkenfreier
Himmel — der stärkende Aether, die großen Umgebungen
klassischer Natur und Kunst, der edle Nektar und die balsa=
mischen Früchte des Südens, die lebendigen Modelle Ra=
phaelischer Madonnen und Guidoischer Magdalenen mit
dem schwarzen Flammenauge in üppiger Körperfülle und

im Munde die süße Göttersprache, — die immer grünen
Eichen, Platanen und Pinien, und selbst Palmen — diese
Symbole des Sieges der Helden und der Märtyrer — —
— diese ganze südliche Natur, umflossen vom Meere . . . .
wo? — du glücklicher Sterblicher, der du Rom gesehen —
wo findest du dies wieder?

In etwas mehr alltäglicher Sprache aber in demselben
Sinn und Geiste, hatte sich, ohne Unterbrechung, die edle
Herrin des Uslinghi'schen Hauses bisher ergossen und
Vater und Sohn auf eine nicht kleine Geduldsprobe ge-
stellt, als ihr doch endlich, zum Glücke ihrer neuen Haus-
bewohner, einfiel, daß sie über ihre patriotischen Ergüsse
nicht vergessen dürfe, alle die gerühmten Herrlichkeiten des
römischen Lebens auch für ihre Gäste zur Wahrheit zu
machen.

„Aber Maria Joseph!" — rief sie daher jetzt plötzlich
und schlug sich mit der Hand vor die Stirne — „da schwatze
und schwatze ich, und lasse die Excellenzen im Hofe stehen.
Kommen Sie, kommen Sie! Ich will Sie auf Ihre Zimmer
führen, die schon wie für Prinzen eingerichtet sind."

Und indem sie dies sagte, entfaltete Frau Uslinghi
eine so aufrichtige Herzlichkeit, daß die Mozartischen gern
ihren kleinen Unmuth über die Geduldprobe hinunter-
schluckten und ihr mit einem Gefühle der Heimathlichkeit
folgten, wie sie dies seit ihrem Auszuge aus Salzburg nicht
mehr empfunden. Aber dies Gefühl sollte sich beim Anblick ihrer Wohnung noch steigern. Mit der italienischen
Unreinlichkeit waren sie bereits vertraut genug — hier

fanden sie alles so rein und nett, wie zu Hause. Sie waren
gewohnt, die italienischen Wirthe mit glänzender Einrich=
tung prahlen zu hören und kein Dutzend erträglicher Stühle
im ganzen Gasthofe zu finden. Hier war alles bequem,
behaglich und sehr anständig; ja an den Fenstern standen
sogar Vasen mit frischen Blumen, und als Vater Mozart
eben fragen wollte, wem sie diese Aufmerksamkeit zu danken
hätten, öffnete sich die Thüre und Giuditta trat mit einer
solchen frisch gefüllten Blumenvase ein. Aber beinahe
wäre diese ihren Händen entglitten, so überraschte sie der
Anblick der Fremden, die sie doch erwartet hatte. Ein
leiser Schrei und die Worte: „Ha, der Prinz!" entfuhren
ihr, während sie und Amadeus, der sie sogleich wieder=
erkannte, eine dunkle Röthe überlief.

Frau Uslinghi's Scharfblick entging dies nicht, und
als es nun, auf ihr Fragen hin, zur gegenseitigen Erklärung
kam, wurde über den gestrigen Vorfall in St. Peter und
bei der Fußwaschung — der Vater und Sohn so sehr zu
Nutzen gekommen — viel gelacht und gescherzt, so daß man
bald so bekannt mit einander war, als habe man Jahre
zusammen gelebt. Besonders waren die Kinder in kurzer
Zeit ein Herz und eine Seele.

Wolfgang Amadeus war unendlich glücklich, der
Vater fühlte sich behaglich, und auch die Verhältnisse nach
Außen gestalteten sich so erwünscht als möglich.

Gleich nach der Charwoche wurden die zwanzig Em=
pfehlungsschreiben an den ältesten und höchsten Adel Rom's
abgegeben, und hier, wie überall, empfing man das Wunder

seiner Zeit mit der größten Begeisterung und Zuvorkommenheit, denn kein Volk der Erde hält mehr auf Musik, als
die Italiener.

In Italien bildete um jene Zeit die musikalische Welt
eine geschlossene Phalanx, eine compacte, homogene, in den
Principien einige, alles überfluthende und intolerante
Masse, die ihre Apostel und Missionäre in alle Welt sandte
und ihre Lehren mit einer Ueberlegenheit und einer
unwiderstehlichen Macht predigen ließ, weil sie allein das
Monopol des Gesanges besaß.

Darum war es damals auch für die Musiker aus allen
Theilen Europa's unerläßlich, daß sie nach Italien gingen.
Alle durften ja sicher sein, dort wie von ihrer gemeinschaft-
lichen Mutter aufgenommen zu werden. Sie zog die Ausländer sogar zuweilen ihren berühmtesten eigenen Kindern
vor, war stolz auf ihre Siege und adoptirte sie liebevoll;
natürlich aber nur dann, wenn sie zu lernen und nicht zu
lehren kamen, und nachdem sie aus ihrem Unterrichte
hinreichenden Nutzen gezogen hatten, um im reinsten italienischen Style schreiben zu können. Auch Händel und
Gluck hatten in Italien ihre Sporen verdient und wie alle
Anderen ihrer Lehrerin den ersten Tribut der Nachahmung
gezollt; die schmeichelhafteste Ehrerbietung, die man ihr
erzeigen konnte, die sie aber auch am unnachsichtigsten verlangte. Wehe aber dem Musiker, der den barbarischen,
das heißt den ausländischen Doctrinen Geltung zu verschaffen gesucht hätte. Er wäre, gleich dem armen
Jomelli, durch Anatheme und Pfeifen zu Tode gehetzt

worden. Welche Süßigkeiten, welche Zärtlichkeit, welche
Lorbeeren und Triumphe erwarteten dagegen die gelehrigen
und ihrer musikalischen Orthodoxie fest anhängenden
Schüler! Welch' schmeichelhafte und ruhmvolle Beinamen
entschädigten die Fremden, denen die Ehre zu Theil wurde,
Naturalisationsbriefe zu erhalten: Hasse: il caro Sas-
sone! — Amadeo Mozart: — il cavaliere filarmonico!*)

Und hing denn nicht die ganze Zukunft eines Musikers
damals von dieser, die Ansichten der Welt beherrschenden
Stimme ab. Mit stillem Triumphe fühlte Vater Mozart
denn auch bei seiner Aufnahme in Rom, daß Amadeus
diese Stimme bereits für sich gewonnen hatte. Des Knaben vortreffliches Italienisch half noch mehr dazu; man
betrachtete ihn wie ein Kind des Landes!

Am lebhaftesten nahm sich seiner Kardinal Pallavicini an, der ihn auch seiner Heiligkeit, dem Papste vorstellte. Mit ihm wetteiferten in freundlichem Zuvorkommen der neapolitanische Prinz St. Angelo, der Prinz
Ghigi, die Fürstin Barbarini, der Prinz Xaver von
Sachsen, der Herzog von Braiciano und Andere.

Aber dies Alles war es nicht, was einen so goldenen
Schimmer für Wolfgang über seinen Aufenthalt in Rom
warf; auch nicht die geschichtliche und künstlerische Wichtig-
tigkeit der Stadt. Wohl zeigte ihm der Vater die erhabenen Monumente längst versunkener großer Jahrhunderte;

---

*) Oulibicheff.

— wohl staunten beide die plastischen und malerischen Schätze der ewigen Roma an; sie waren zu ausschließlich Musiker, um für solche Dinge zu schwärmen. Dagegen fand Amadeus hier ein anderes Kleinod, was ihm, — der immer so ganz und ungetheilt Mensch war und blieb, — unschätzbar für jene Tage, und selbst folgenreich für die Zukunft wurde. Jahre kamen und gingen, Stürme brausten über sein Haupt, Freuden und Schmerzen, Jubel und Sorgen erfaßten ihn . . . . er dachte stets mit Seligkeit zurück an die Tage, die er in dem stillen Hause Uslinghi's verbracht, an das Glück, das ihm hier in zwei Herzen erblüht, so kindlich froh, so unschuldig und jugendfrisch, wie das seine.

Mochte das Zusammentreffen Mozarts mit der schwarzäugigen, herrlichen, lebensfrischen Giuditta in den Hallen St. Peters und vor der Statue dieses Heiligen ein Spiel des Zufalls gewesen sein; oder hatte sein Genius es bestimmt, daß die kräftigen vollen Arme der jungen Römerin ihn zum Kusse des heiligen Fußes befördern sollten — jedenfalls lag in diesem Momente die Wurzel einer kindlichen Neigung, die allmählig in den beiden jungen Herzen heranwuchs. Aber diese Neigung gestaltete sich ebenso verschieden, als die beiden Nationalitäten waren. Amadeus betrachtete Giuditta als eine zweite Nannerl, und schloß sich mit der vollsten unbefangensten brüderlichen Liebe dem heiteren lebensfrohen Mädchen an, das ihm die wenigen Stunden, die ihm zu Hause blieben, zu den schönsten in Rom machte.

Immer luſtig, oft ſogar ausgelaſſen und voll toller
Streiche, fand er an ihr einen nicht minderen Tollkopf;
wobei Wolfgang freilich nicht zu beurtheilen verſtand,
daß die Ausgelaſſenheit der jungen Römerin einer ganz
anderen Quelle entfloß, als die ſeine. In ihm lagen —
als wirkliche Abnormität — die volle muſikaliſche
Mannesreife neben der vollen körperlichen und
ſeeliſchen Kindheit. Nahm ihn die Muſik in Anſpruch,
war er jetzt ſchon, wie wir wiſſen, Mann und Meiſter;
aber deshalb gab die Natur doch ihre Rechte nicht ganz
auf; die Ausgelaſſenheit und der Lebensübermuth des ſich
entwickelnden Knaben, brachen in den freien Stunden durch.
Nichts beweiſt dies ſchlagender, als ſeine eigenen Briefe
an Mutter und Schweſter, die auf der ganzen Reiſe durch
Italien voll kindlicher Narrheiten ſtecken; wie er ſich ja
ſelbſt — in dem Gefühle dieſes Ueberſprudelns — in der
vorhin angeführten Nachſchrift, einen „Narr“ nennt. Kraft-
entwicklung, Drang nach Freiheit, Lebensübermuth waren
alſo die Quelle ſeiner oft wild aufſchäumenden Luſt und
Heiterkeit. Ganz anders ſtand es mit der reizenden Giuditta. In ihren Adern kochte ſüdlicheres Blut. Sie
war körperlich vollkommen entwickelt, ... ſie war Italienerin . . . . . Römerin! Eine vierzehnjährige Italienerin
aber, mit ſolchen vollen, reifen Formen und flammenſprü-
henden ſchwarzen Augen, wie ſie Giuditta beſaß, fühlt
ſchon recht gut, was Leidenſchaften ſind, und wenn dieſe
einmal in ihrem Herzen erwachen, ſo reifen ſie nicht, wie
bei einer deutſchen Natur, ſchüchtern und allmälich heran,

— nein! — heute geboren, züngeln sie morgen schon hoch
zum Himmel auf und drohen das eigene Herz und Andere
in ihren Gluthen zu verzehren.

Als Giuditta den vermeintlichen jungen Prinzen, in
Folge einer ganz augenblicklichen Eingebung, emporhob,
damit er den Fuß des heiligen Petrus küssen könne, war
sie noch vollkommen Kind, mit dem ruhigsten Herzen von
der Welt. Als, eine Minute später, Amadeus sein
hoch erglühendes hübsches Antlitz ihr zuwandte, durchzuckte
sie der Blick dieser seelenvollen Augen und die Berührung
seines Körpers wie ein electrischer Funke . . . . . und ihr
Herz klopfte. Als es der Zufall darauf wollte, daß sie Amadeus vor Beginn der Fußwaschung noch einmal erblicken
sollte, und diese Ueberraschung ihr den Ausruf: „Der
junge Prinz!" entlockte, war die Ruhe ihres Herzens dahin,
und — — seitdem Wolfgang mit ihr unter einem Dache
wohnte — — — — liebte sie ihn — und zwar nicht nach
der kühlen deutschen, sondern nach italienischer Weise, das
heißt: voll, glühend, leidenschaftlich. Dennoch war sie
noch zu viel Kind, um die Leidenschaft zu begreifen, und
der Gegenstand dieser Leidenschaft war dies noch mehr.
Es glühte, es trieb, es kochte in ihr . . . . und so barg sie
diese unbestimmte Gluth, dies Kochen und Treiben unter
Ausgelassenheit.

Sie vermochte ihrem hübschen jungen Freunde nicht
zu sagen, was in ihr vorging; aber wenn sie sich mit
einander neckten, wenn sie mit einander tollten, konnte sie
ihn schon einmal lachend um den Hals fassen und an sich

drücken, — ihn scherzend beißen oder ihm rasch einen Kuß geben. In allen dreien lag dann eine wilde süße Gluth und doch auch wieder Kindlichkeit, an der indessen Amadeus großen Gefallen fand. Er nannte sie, da er Katzen sehr liebte, seine „kleine, wilde Katze!" und oft legte er sich unter den kühlen, weinumrankten Arkaden des Hofes hin, lockte ihr, wie man Kätzchen zu locken pflegt, und forderte sie auf ihm zu schmeicheln oder ihn zu beißen.

Auch mit der Violine lockte er sie oft heran; besonders wenn eine recht schöne, warme italienische Nacht über der Erde hing und die Alten im angränzenden Garten auf und abgingen. Dann aber legte sie sich zu seinen Füßen, gewöhnlich auf den Rücken, die Hände unter dem Kopfe verschränkt, die Blicke nach dem sternenflammenden Himmel gerichtet, und lauschte mit Entzücken den Tönen, die Amadeus wie ein Zauberer aus dem Instrumente hervorrief. Stundenlang konnte er so spielen, sie lauschen. Keines sprach dann ein Wort; aber sie sahen sich oft, so recht von Herzen glücklich an — und — immer weiter spielend, ließ sich dann wohl Amadeus auf ein Knie nieder und gab Giuditta, die längst den Mund zum küssen gespitzt hatte, einen Kuß. Dann war meistens auch das „Kätzchen" da und ein seeliges Beißen begann.

Legten sie sich dann später zu Bette, so lachte wohl Wolfgang noch für sich über das tolle Spiel und schlief rasch darauf ein. Bei Giuditta ging es nicht so schnell. Alles Eiswasser kühlte sie dann nicht; — auch der Schlaf wollte nicht wie früher kommen —-

und kam er endlich, so ging im Traume das süße Spiel von neuem an.

Uebrigens ließ Vater Mozart den Sohn fast nie aus den Augen; sah aber auch in Giudittas Benehmen nichts als die unschuldigsten Kindereien. Und doch waren sie so selig diese Kindereien, bis sie sich durch ein glückliches Ohngefähr noch zu höherer Seligkeit gestalteten.

Jugendfreundschaft und Jugendliebe.

～～～

Schon in Florenz hatte Amadeus im Hause der Dichterin Signora Corilla einen jungen Engländer, mit Namen Tommaso Linley, kennen lernen, der — ein Schüler des berühmten Nardini — die Violine wunderschön spielte.

Da dieser Knabe Wolfgang an Größe und Alter fast ganz gleich war, und ein und dasselbe musikalische Streben beide durchglühte, — wenn gleich Linley nur äußerliche Fertigkeit besaß und jeder tieferen Meisterschaft völlig fremd blieb, — so hatte sich natürlich schnell eine jugendliche Freundschaft zwischen ihnen gestaltet. Leider sollte sie aber nur von kurzer Dauer sein; denn da damals Vater Mozart sehr nach Rom eilte; so waren ihr nur drei Tage gegönnt. Aber die Jugend erfaßt rasch und genießt die Gegenwart ohne, wie das reifere Alter, ängstlich nach der Zukunft und der Dauer des Genusses zu fragen.

Den erſten Tag producirten ſich beide Knaben bei
Signora Corilla wechſelweiſe den ganzen Abend unter
beſtändigen Umarmungen. Den anderen Tag ließ der
kleine Engländer, ein allerliebſter junger Menſch, ſeine
Violine zu Mozart's bringen, und beide ſpielten wieder
den ganzen Nachmittag. Wolfgang accompagnirte ihm
auf ſeiner Violine.

Den Tag darauf ſpeiſen ſie bei Mr. Gaoard, Admi=
niſtrator der Großherzoglichen Finanzen, und Amadeus
und Tommaſo ſpielten wieder den ganzen Nachmittag
wechſelweiſe, nicht als Knaben, ſondern als Männer.
Dann begleitete der kleine Tommaſo, Amadeus nach
Hauſe, und weinte die bitterſten Thränen, weil auf den
folgenden Tag die Abreiſe Wolfgangs und ſeines Vaters
beſtimmt war.

Durch dieſe wirklich rührende Scene gewonnen, ver=
ſchob denn auch der Capellmeiſter die Abfahrt von Flo=
renz bis zum künftigen Mittag, und ſo kam der junge
Linley des anderen Morgens um neun Uhr noch einmal,
und gab Wolfgang unter vielen herzlichen Umarmungen
folgende Poeſie, die die Signora Corilla den Abend
vorher hatte machen müſſen, und dann geleitete er den
Wagen der Abreiſenden bis zum Stadtthor. Wo ſie unter
Thränen ſchieden.*)

_____

*) Wörtlich nach Leopold Mozarts Brief No. 75. Rom, den
21. April. — Jahn: 1. Thl. 2. Buch. S. 198. Burney Reiſe I.
S. 185.

Das Gedicht aber lautete:

Per la partenza del Sgr. W.

A. Mozart da Firenze.

Da poi che il fato t'ha da me diviso,
io non fò che seguirti col pensiero,
et in pianto cangai la gioja e il riso,
ma in mezzo al piantorivederti io spero.

Quella dolce armonia di paradiso
che ha un estasi d'amor mi aprì il sentiero,
mi risuona nel cuor, e d'improvviso
mi porta in cielo a contemplare il vero.

Oh lieto giorno! O furtunato istante
in cui ti vidi e attonito ascoltai
e della tua virtù divenni amante!

Voglian li Dei che dal tuo cuor giammai
non mi diparta! . Jo ti amero costante
emul di tua virtu de ognor mi avrai.

In segno di sincera stima et affetto

Tommasso Linley. *)

So lieb aber Amadeus den jungen Linley gewon=
nen hatte, so schmerzlich ihn die Trennung von dem neuen
Freunde berührte — — die großartigen Eindrücke Rom's,
die Begebenheit mit dem Miserere, die vielen neuen Vor=
stellungen, das Zusammentreffen mit dem Papste, dem
Vater der Christenheit, und namentlich die Bekanntschaft
mit der liebenswürdigen, reizenden Giuditta, zerstreuten
ihn so sehr, daß er sich bald über die Trennung von dem
neuen Freunde tröstete. Er liebte ihn noch, aber er dachte
nicht mehr viel an ihn; oder vielmehr er fand keine Zeit
dazu, an ihn zu denken.

---

*) Nissen: S. 195. Jahn: I. Thl. 2. Buch. S. 151.

Da frischte das Leben selbst diesen rosigen Jugend-traum der Freundschaft auf.

Vater und Sohn waren von einer musikalischen Soirée nach Hause gekommen, die Kardinal Pallavicini, dem Prinzen Xaver von Sachsen zu Ehren, gegeben hatte. Amadeus war aufgelegter denn je gewesen, und hatte — da man es immer noch nicht glauben wollte — wiederholt, durch den Vortrag des bekannten Miserere, den Beweis geführt, daß er es geistig und blos der Erinnerung nach aus der Kirche mit sich fort genommen. Das Staunen war hier, wie überall dasselbe, aber die Menschen bezeugten sich so lieb und freundlich — und — was bei Amadeus noch mehr heißen wollte: so wahrhaft musik-verständig, daß er mit wahrer Begeisterung und prachtvoll spielte.

Wolfgang benahm sich dabei nicht, wie ein Musiker, der zu hohen Herren eingeladen ist, um bei einer Soirée als Künstler mitzuwirken, und der für seine Leistungen später einen Ehrensold zu erwarten hat. Gott bewahre! der kleine Mann bewegte sich in der That so vollkommen un-genirt und frei, wie ein wirklicher junger Prinz. Er war bei allen diesen vornehmen Herrschaften wie zu Hause, und behandelte sie — ohne sich je etwas zu vergeben — gerade wie Seinesgleichen. So war er aber auch in seinem Spiel, indem er sich nicht auf den Vortrag einiger vorausbe-stimmter Piecen beschränkte, sondern ganz dem Zufall an-heimgab auf was man gesprächsweise kam, oder was irgend Jemand aus der Gesellschaft wünschte. Fand er dann

ächte Musikkenner, war er so unerschöpflich, daß sich die
Gesellschaften oft über Mitternacht hinauszogen. Dies
war auch heute der Fall gewesen, und der kräftigste er-
wachsene Mann würde todtmüde nach Hause gekommen
sein. Vater Mozart ging es auch so, obwohl er viel
weniger vorgetragen, als sein Sohn; Amadeus dagegen
spürte keine Ahnung von Müdigkeit oder Erschöpfung.
Heute, wie immer, hatte ihn die Musik nur angeregt,
belebt, gestärkt.

Als sich daher der Capellmeister zu Bette legte, nahm
Wolfgang noch seine Violine und trat auf die nach dem
Garten gehende Altane. Die Nacht war wundervoll! Ein
leiser, vom Meere her kommender Lufthauch wehte er-
quickend über die schlummernde Welt, über die sich der
Himmel, weit und groß, mit seinen Myriaden Sternen,
wie die Kuppel eines ungeheuren Domes spannte. Tiefe
Stille herrschte dabei ringsumher, denn Uslinghis Haus
lag weit ab von den geräuschvolleren Straßen Roms, und
nur ganz in der Ferne hörte man die vereinzelten Töne
einer Serenade.

Amadeus gab sich eine kurze Zeit diesen Eindrücken
hin, die ihn so still und wohlthätig erfaßten. Aber dies
dauerte nur wenige Minuten, dann wurden diese Eindrücke
in ihm zu Tönen und die Töne gestalteten sich zu Melodien;
und wie zufällig diese — jetzt noch innerlichen, geistigen
— Melodien einen Anklang an eine Piece gaben, die er
mehreremale mit seinem jungen Freunde Tommaso gespielt, so hoben sich mechanisch die Arme, setzten Violine

und Bogen an, und, wie von Geistern gehaucht, zogen süße,
sehnsüchtige Laute auf den leisen Wellen der Luft dahin…
Laute, die bald wie vor Schmerz, bald wie vor Wonne,
sanft erstarben!… Laute, die, wie aus einer anderen Welt
kommend, über die schlummernde Erde dahinglitten und
ihr sprachen von der Seligkeit eines höheren reineren
Seins!… Laute, die von einem Herzen Kunde gaben, in
dem sich die ersten Ahnungen der Liebe und Freundschaft
wie ein rosiger Morgen aufthaten.

Aber was war das? — Wie sie so leise hinschwammen,
auf den lauen Wellen der Luft, die glockenreinen Töne,
die Mozart seiner Violine entlockte, da war es, als gebe
ein nahes Echo sie verschämt wieder. Ein Echo?! — ein
solches bestand hier nicht, das wußte Wolfgang, der nun
schon so oft nächtlicherweise auf der Altane musicirt, sehr
gut; auch kann ein Echo nicht accompagniren. Und wie?
…. war das nicht ganz das Spiel des lieben Freundes
von Florenz, des kleinen Engländers Linley?

Rasch brach Wolfgang ab…… aber die zweite Violine vollendete wie mit flehenden Tönen das angefangene
Stück. Da setzte Amadeus noch einmal an, und, Freude
jauchzend, rief sein Instrument: „Tommaso, Freund
meiner Seele, bist du es?" — das heißt: es ließ wie feuer-
sprühende Raketen die jubelnden Klänge einer Composition
auffliegen, die Mozart seinem jungen Freunde vor wenigen Tagen zu Florenz gewidmet.

Wie diese aber verklungen, da rief es aus den im kühlen

Nachtwinde schwankenden Oleanderbüschen mit bekannter, lieber Stimme hervor:

„Amadeus!"

Aber Amadeus erkannte die Stimme und jauchzte entzückt auf:

„Tommaso!"

Und, seine Violine unter den Arm nehmend, eilte Wolfgang, da der Vater schlief und die Thüren — wie hier immer — offen standen, wie der Wind in den Garten. Zwei Minuten später und die jungen Freunde lagen sich in den Armen.

O! welcher Moment der reinsten Freude war dies! Welch eine Lust des Wiedersehens! — Aber nicht nur die Sterne am Himmel sahen dies Glück zweier so kindlicher Herzen .... es gab noch zwei andere Sterne, die es beobachteten, und das waren die Augen Giudittas, die hinter einem Blumenbeete voll Lavendel und Federnelken und einer durchsichtigen Mauer von weißblühenden Myrten stand.

Sie war es ja, die das Ganze so veranstaltet hatte.

Die Sache aber verhielt sich wie folgt: Nach Wolfgangs Abreise hatte den jungen Linley ein solcher Trübsinn ergriffen, daß Mr. Gavard, Administrator der Großherzoglichen Finanzen, — dem der kleine Engländer während der Zeit seiner musikalischen Ausbildung in Italien anvertraut war, — ängstlich wurde. Linley gestand ihm offen, daß er krank werden würde, wenn er seinen jungen Freund nicht noch einmal sehen könne. Darüber aber kam

Mr. Gavard vor Besorgniß außer sich, bis ihn der Rath
Signora Corilla's bestimmte, Tommaso noch auf
einige Tage nach Rom und in das Haus Uslinghis zu
bringen.

Dies war denn auch heute Nachmittag — während
Vater und Sohn bei dem Kardinal Pallavicini waren
— geschehen, und da Giuditta mit den nächtlichen Solo-
concerten bekannt war, die Amadeus gewöhnlich nach
solchen Abenden auf der Altane sich und den Sternen gab,
und welchen sie — im Entzücken versunken — jedesmal in
den Oleandergebüschen versteckt lauschte, ... so bestimmte
sie den neuen Gast, — von dem ihr Amadeus schon
erzählt — sich auf die gedachte Weise dem jungen Freunde
zu nähern. Eine selige Nacht folgte dem Wiederfinden.
Giuditta ward jetzt herbeigerufen und Amadeus faßte
seine „zweite Nannerl" — wie er sie nannte — und
küßte sie vor Entzücken auf Stirne, Augen, Nase und Hals.
Ach! er wußte nicht, wie die kleine Italienerin unter diesen
Küssen erzitterte, wie ihr Herz bis zum Zerspringen hoch
aufschlug, wie es in ihr brannte und kochte, während sie,
durch Linleys Anwesenheit eingeschüchtert, sich sträubte
und von dem wilden Burschen loszumachen suchte.

„Aber jetzt!" — rief Amadeus, als sich die „kleine
wilde Katze" losgewunden, — „jetzt Tommaso eines
unserer Florenzer Duette!"

„Ja, gewiß!" — entgegnete der Engländer, — „ich
habe mich unaussprechlich darnach gesehnt!"

„So komm, Freundchen; aber wo ist unser Orchester?"

„Dort, in der Laube!" — sagte Giuditta, — „da ist ein gar heimliches, liebes Plätzchen!"

Und alle drei gingen nach dem bezeichneten Orte, an Beeten von Melonen, Tomaten und reifendem Mais vorüber, dessen langfasrige Fruchtkapseln wie tausend kleine Federbüschchen im leisen Nachtwinde wehten. Die Monatsrosen, die die Laube bildeten, dufteten dabei balsamisch, während Leuchtkäfer — Elfengeistern ähnlich — über den Blumen schwärmten, oder, wie berauscht von Liebe in ihre Kelche sanken.

In der Laube setzten sich die beiden Knaben neben einander, Giuditta drückte sich selig in eine dunkle Ecke, und jetzt war auch sie ganz Ohr. — — —

Warum aber recken denn mit einemmale alle Blumen des Gartens sich so hoch empor? — warum öffnen sie so entzückt ihre Kelche? — warum verlassen die flimmernden Käfer ihr süßes duftendes Bett und umschweben die Laube wie zahllose Sterne? — Warum wird der Wind so stille, als lausche auch er? Warum flüstern die Oleanderbüsche so selig? warum zittert es wie Entzücken in den nahestehenden Oliven und Granatbäumen?

Warum? — warum?.... o! solche Töne haben sie noch nicht vernommen, — solche Harmonien noch nicht gehört!

Und selbst der Mond schien langsamer zu ziehen; und die Nacht zürnte dem Morgen, als er seine ersten Lichter über die Erde sandte.

Da drückte eine zarte Hand jedem, — Amadeus und

Tommaso, — einen Kranz von frischem Lorbeer auf das jugendliche Haupt und eine Stimme flüsterte: „Es ist Zeit heimzukehren!"

Beide sahen sich freudig um, aber Giuditta warf ihnen nur noch einen Kuß aus der Ferne zu und verschwand dann im Hause.

Amadeus und Tommaso standen auf. Sie sprachen nichts; aber sie folgten Hand in Hand der Reizenden.

List um List.

O du schöner glücklicher Jugendtraum! Einen kind=
lichen Freund zu haben, so ganz aus der eigenen Seele ge=
nommen, wie ein zweites „Ich!" — und eine Schwester
.... eine Schwester... wie Giuditta!

Freilich hätte Giuditta — nicht durch die Freund=
schaft, wohl aber durch die gemeinsamen musikalischen
Leistungen der jungen Freunde — etwas von ihrem Glücke
verlieren können, wenn sich nicht ein Ersatz gefunden hätte,
der ihr Amadeus auf Stunden fast ausschließlich gab.

Amadeus hatte nämlich mit seinem musikalisch so
fein gebildeten Ohr gar bald entdeckt, daß Giuditta die
prächtigsten Stimmmittel besitze.

Augenblicklich war daher der Entschluß gefaßt, ihr
einigen Unterricht im Singen zu geben, und die reizende

Römerin hütete sich wohl, diese herrliche Gelegenheit, sich
dem geliebten Freunde zu nähern und ungetheilt hingeben
zu können, zurückzustoßen. Sie war auch die gelehrigste
Schülerin; nur ward dem jungen Lehrer oft gar eigen=
thümlich und sonderbar zu Muthe, wenn sie dabei — im
heiligen Eifer für die zu erlernende Kunst — ihren schönen,
vollen Arm um ihn legte, und sich, seinen Worten und
Tönen lauschend, mit ihren schwarzen Flammenaugen
in die seinen so tief versenkte. Er fühlte dann wohl Gin=
dittas Hand in der seinen leise erzittern, was ihn mit
einer Gluth übergoß und mit einem Gefühl durchdrang,
das halb Aengstlichkeit, halb Seligkeit war und sein kleines
Herz stürmisch schlagen machte.

Außerdem waren beide wunderbar einig in der Art der
gegenseitigen Belohnung. Hatte Ginditta recht aufge=
paßt und ihre Sache gut gemacht, so faßte der junge Lehrer
seine „kleine wilde Katze“ gewöhnlich unter dem Kinn,
drehte ihr reizendes Gesicht dem seinen zu, und gab ihr, in
Anerkennung ihres Fleißes, diverse kräftige Küsse; dann
aber fühlte Ginditta wohl, daß sie diese Anerkennung
gar nicht verdiene, sie sich aber nie genug bei Amadeus
für die viele Mühe bedanken könne, die er sich mit ihr, dem
ungeschickten Mädchen, gebe, und so zog sie ihn an sich und
drückte ihm aus Dankbarkeit die glühendsten Küsse auf die
Lippen... Küsse, so glühend und feurig, daß Wolfgang,
roth bis über die Ohren, oft ganz schwindlich wurde. Aber
er ließ es sich doch so gern gefallen, und schaute sie darauf
so wonnig an, — daß sich die dankbare Schülerin meistens

verpflichtet fühlte, diese Anerkennungsbeweise mehreremale zu wiederholen.

Vater Mozart, das südlichere Klima nicht gewohnt, hielt gewöhnlich um die Zeit, in der Wolfgang seine Schülerin bei ihm auf dem Zimmer unterrichtete, seine Siesta, und schlummerte meistens schon nach den ersten Uebungen der Kinder ein. Tommaso aber pflegte jene Stunde in Gesellschaft seines Hofmeisters zu verbringen. In den herrlichen Nächten aber hatten sich die drei jungen Leute die Laube aus Monatsrosen zum Lieblingsplätzchen erkoren.

Vater Mozart und Linleys Hofmeister, ein äußerst wissenschaftlich gebildeter Mann, gingen dann, in Gesprächen verloren, im Garten auf und ab, oder wurden von Frau Uslinghi mit Strömen der Beredsamkeit und Erfrischungen materieller Art bedient; während Amadeus und Tommaso musicirten.

Aber Alles auf der Welt ist vergänglich, und so lief auch die Zeit ab, die für den Aufenthalt in Rom bestimmt war.

Der Capellmeister machte bereits Anstalten zur Abreise nach Neapel.

Man kann sich denken, mit welcher Trauer die herannahende Trennung die Herzen der drei jungen Leute erfüllte. War doch die Freundschaft zwischen Amadeus und Tommaso nicht blos Knaben-Anhänglichkeit, sondern wirkliche Zärtlichkeit zweier tieffühlenden, übereinstimmenden Seelen. Beide achteten sich in der That als

Künstler.*) Daß aber Giuditta Amadeus leidenschaftlich liebte, und dieser, wenn auch ohne klares Bewußtsein,
für die reizende Tochter Uslinghi's mehr als eine brüder-
liche Neigung hegte, lag am Tage. Nur Eines tröstete
daher alle drei: Die Gewißheit, sich nach einigen Wochen
wiederzusehen! Uebrigens war doch Vater Mozart in
der letzten Zeit nach gerade etwas aufmerksam auf die
Neigung geworden, die sich zwischen Giuditta und Amadeus, seiner Meinung nach, zu entspinnen begann. Er
blieb daher um so entschiedener auf dem für die Abreise
einmal festgesetzten Termin und suchte namentlich auch den
Abschied so kurz als möglich zu machen. Tommaso
Linley ging den Tag zuvor, — nach den herzlichsten
Umarmungen und heißesten Versicherungen dauernder
Freundschaft, — mit seinem Hofmeister nach Florenz
zurück. Die jungen Leute hielten sich dabei tapfer; keiner
zeigte diesmal eine Thräne.... als sie aber allein waren,
Linley in der Wagenecke, Wolfgang auf seinem Zimmer,
da feuchteten sich doch die Augen und ein großer Schmerz
durchzitterte die kindlichen Seelen.

Eine andere Taktik beobachtete der schlau Concertmeister
in Betreff des Abschiedes von Frau Uslinghi und ihrer
schönen Tochter. Er war, das wußte er recht gut, beiden
vielen Dank schuldig, denn sie hatten ihn und Amadeus
auf den Händen getragen,**) auch wollte er ja nach kurzem

*) Nissen: Seite 190. Burney in seinem Tagebuch.
**) Leopold Mozarts Brief: Rom den 21. April.

Aufenthalt in Neapel in dies gastliche Haus wieder zurück-
kehren, und so nahm er die Sache ganz leicht und scherzhaft
und sprach nur von einem kleinen Ausfluge an den neapolitanischen Hof. Den letzten Nachmittag aber, brachte er
plötzlich die Nachricht, daß sie, auf Veranlassung des Kardinals Pallavicini in Gesellschaft mehrerer Augustiner
Mönche aus dem Kloster St. Sebastian mit drei anderen
Sedien oder zweisitzigen Wagen abreisen würden. Zu
Marino im Augustiner Kloster werde dann das
Mittagsmahl eingenommen; da aber die Reise schon vor
Sonnenaufgang angetreten werde, so habe er den frommen
Vätern zusagen müssen, um keine Störung zu machen und
keinen Verzug zu veranlassen, schon die Nacht im Kloster
zuzubringen. Damit aber hatte der schlaue und vorsichtige
Mann jeden aufregenden Abschied abgeschnitten, denn jetzt
hieß es: rasch gepackt und kurz gebunden!

Er war dabei ungewöhnlich heiter, scherzte mit Frau
Uslinghi, küßte selbst Giuditta, als seine liebe Tochter,
tüchtig ab, sprach aber fast nur von dem nahen Wiederkommen, auf das er sich — wie er sagte — ungemein
freue.

Je heiterer aber der Vater, desto unbehaglicher fühlten
sich die Kinder. Amadeus war mit dem Freunde und
der Freundin in diesen Tagen zu glücklich gewesen, um sich
so leicht über den so bald entschwundenen lieblichen Jugend-
traum zu trösten, und obgleich er von jeher kein Freund
von rührenden Abschiedsscenen gewesen, und seine jugend-
lich-frische Phantasie ihn rasch über die wenigen Wochen

hinwegtrug, die zwischen Trennung und Wiedersehen lagen, hielt ihn doch ein eigenthümliches Etwas so sehr an den Umgang mit Giuditta gefesselt, daß es ihm fast unmöglich schien, ohne sie zu reisen. Indessen: „Nach Gott kommt gleich der Papa!" stand noch immer mit Feuerschrift in seiner Seele geschrieben. Der Wille des Vaters war ihm also heilig!

Giuditta ließ nicht merken, was in ihr vorging. War sie zu stolz ihren Schmerz zu zeigen? oder ärgerte die Geflissentlichkeit, mit der ihr Vater Mozart die letzte schöne Nacht, die schmerzlichsüße Stunde des Abschiedes raubte? — Kurz, sie that nicht dergleichen, und war selbst in dem letzten Momente noch so heiter, als ob die lieben Freunde nur auf einen Tag über Land fahren sollten.

„Uebe dich recht im Singen!" — rief ihr noch Amadeus im Weggehen zu. — „Wenn wir wiederkommen setzen wir den Unterricht fort! und" — fügte er zu ihrem Ohr geneigt leise hinzu — „balgen und beißen uns wieder!"

„Ja!" — versetzte Giuditta in gleicher Weise — „und zu Marino, wo ihr morgen im Augustiner-Kloster zu Mittag speist, versäume nicht die Grotte der heiligen Cecilie zu besuchen — aber allein . . . . hörst du . . . allein — und bete dort ein Paternoster für mich!"

„Kannst darauf rechnen, kleine wilde Katze!" — rief Wolfgang mit gezwungener Heiterkeit, das peinliche Gefühl, das ihn erfaßt hatte heroisch, unterdrückend, und folgte dem Vater, der schon einige Schritte voraus war.

Da Wolfgang zum Entzücken der Mönche fast den ganzen Abend auf der Orgel des Klosters zubrachte, das ihn und den Vater beherbergte, vergaß er über sein Spiel alles Andere. Dann folgte ein kurzer Schlaf und mit Sonnenaufgang die Abreise durch die Campagna auf der Straße nach Neapel.

Die Campagna di Roma ist der größte Theil des alten Latium's. Sie gränzt im Westen und Osten an Neapel, im Norden an Toskana und Sabina, und im Osten an das mittelländische Meer, und ist 15 deutsche Meilen lang und 30 Meilen breit.

In früheren Jahrhunderten, zur Zeit der Macht Rom's, sah man hier Städte, Landhäuser, Tempel, Haine, Korn= felder, lachende Wiesen, prächtige Landstraßen, Ka= näle u. s. w., während jetzt der ganze Landstrich wüste und öde ist, und die verpestete Luft jedes lebende Wesen ferne hält. Diese schädliche Luft — aria cattiva — hat aber nicht ihren einzigen Grund in den Sümpfen, die überall sich zeigen, da sie sich nicht allein in Wäldern und Tiefen, sondern auch auf Bergen findet — wahrscheinlicher ist, daß sie zum großen Theil die chemische Beschaffenheit des Bodens hervorruft. Sind doch selbst schon mehrere Ge= genden und Straßen von Rom, dieser verpesteten Luft wegen verlassen worden, die vorzüglich vom Juli bis October die größte Gefahr bringt, und — wenn nicht kräftige Verbesserungsmittel oder ein neuer Vulkan, durch Erup= tionen die Atmosphäre von Zeit zu Zeit reinigen, (was um so eher geschehen kann; als das ganze Land vulkanisch ist) möchte wohl der schöne Landstrich, in welchem Rom liegt, mit der Zeit eine Wüstenei werden, welche nur im Winter als Viehweide zu benutzen wäre.

Namentlich sind es bekannterweise die pontinischen Sümpfe, die durch ihre niedere Lage und weil das Wasser gar nicht abgeleitet wird, Miasmen aushauchen.

Dabei ist der Boden der Campagna fast ganz eben, und der Monte Marino, der St. Oreste und die albaner Berge, mit dem Monte Cavo als höchster Spitze, sind die einzigen Erhöhungen, auf denen die Klöster und Orte Marino, Frascati, Colonna, Albana und andere liegen.

Die zerstreut liegenden Seen waren sämmtlich früher Krater von Vulkanen.

Der Boden ist fruchtbar, aber schmählich vernachlässigt im Anbau, und statt daß fleißige Arbeiter den Segen des Landes ausbeuten, machen Räuber die Gegend unsicher. Vater Mozart selbst hatte schon am 28. April seiner Gattin nach Salzburg geschrieben: „Die Wege sind sehr unsicher, ich gehe von Rom nicht weg, bis ich weiß, daß Sicherheit ist, und mit dem Procaccio ist man in großer Compagnie."[*])

Ueberhaupt hat — wenn man das angenehme Bewußtsein, jeden Augenblick von Räubern überfallen zu werden, als romantisch betrachtet — die Campagna di Roma des Romantischen viel. Trümmer von Thürmen, Tempeln,

---

[*] Nissen Seite 199.

Grabmälern, Wasserleitungen mit Epheu umrankt, be=
decken sie überall. Wilde Rinderheerden sind dabei die
einzigen Thiere, welche das ganze Jahr hindurch in der
Campagne bleiben. In den Kanälen halten sich zahlreiche
Büffel auf und starren unter den zottigen, schwarzen
Stirnen mit wildem Blick die Vorüberfahrenden an. Von
menschlichen Wohnungen aber sieht man nur das noma=
denhafte Bretterhaus des Hirten, der ein elendes und kurzes,
den verheerendsten Fiebern ausgesetztes Leben führt.

Das ist die Campagna di Roma. Die Amadeus
jetzt in Gesellschaft des Vaters und der Augustinermönche
durchfuhr. Aber der junge Mozart schenkte weder der
Gegend noch der Gesellschaft Aufmerksamkeit, er saß still
und in sich gekehrt in einer Ecke des Wagens und dachte
an seinen fernen Freund Tommaso und an seine reizende
Schwester Giuditta! — — —

So kam man im Augustinerkloster zu Marino
an. Wolfgang war immer noch still, und als er den
Vater bat, ihn vom Mittagessen zu dispensiren, da er sich
mit einigen Orangen im Freien genügen lassen wolle, hatte
dieser nichts dagegen einzuwenden.

Amadeus war also auf einige Stunden frei und
konnte nun ungehindert dem Wunsche Giuditta's nach=
kommen und in der Grotte der heiligen Cecilie ein
Vaterunser für sie beten. War doch diese Heilige, als Be=
schützerin aller Musiker, auch seine Schutzpatronin. Mit
Freuden deutete ihm einer der Mönche den Weg dahin
an. Er führte durch ein liebliches Thal, das um so schöner

erschien, als es mitten in der öden, baumleeren Campagna, wie eine Oase in der Wüste, lag.

Ein kleiner aber klarer Bach, vom Klosterberge kommend, floß langsam hindurch, bald sein helles cristallnes Bergwasser zeigend, bald verborgen von den großen Stengeln und Blättern der Canna und anderer Rohrgewächse. Wogende Getreidefelder und frisches Wiesengrün, aus dem Tausende von Anemonen und Maaslieb hervorsproßten, gaben dem einsamen Thale jenes Gepräge der Behaglichkeit, das Amadeus so sehr heute Morgen während der Fahrt durch die Campagna vermißt. Kein Mensch war zu sehen! Alles ruhte in der Mittagsschwühle.

Endlich erblickte der einsame Wanderer die Grotte, die von vulkanischen Felsmassen gebildet wurde, welche wohl einst, vor Tausenden von Jahren, eine gewaltige Eruption hierher geschleudert oder aus der Tiefe emporgetrieben hatte.

Der Eingang war mit Baumwurzeln, Epheuranken und anderen Schlingewächsen, in der ganzen Fülle südlichen Pflanzenreichthums, beinahe verhüllt — ein Beweis seltenen Besuches.

Amadeus bog sie zurück und trat ein. Aber er blieb überrascht stehen, so bezaubernd, so eigenthümlich war der Anblick. Die Höhle verzweigte sich augenscheinlich nach mehreren Seiten und hatte dadurch schon etwas Geheimnißvolles. Aber dies Geheimnißvolle wurde noch gehoben, durch das nächtliche Halbdunkel, das hier herrschte, und von den Büschen, die aus den zerklüfteten Wänden hervor-

wuchsen und den Eingang wie mit einem grünen Vorhange
deckten. Zwischen den Felsen aber stand auf einer Art
Altar eine steinerne Statue der heiligen Cecilie, die
freilich keiner Meisterhand ihr Dasein verdankte und von
der Zeit viel gelitten hatte.

Amadeus verrichtete hier — dem gegebenen Versprechen getreu — seine Andacht; dann suchte er sich tiefer in
der Höhle, wo sich eine herrlich-weiche Moosbank befand,
ein bequemes Plätzchen, zog seine Orangen aus der Tasche,
verzehrte so sein frugales Mittagsmahl, und streckte sich
dann, die Augen schließend, der Länge nach hin, um in
wachen Träumen den schönen Traum der letzten Wochen
noch einmal an seiner Seele vorüberziehen zu lassen.

In diesem Augenblick ertönte nicht weit von ihm ein
bekanntes Lied; — bekannt — denn es war von seiner
eigenen Composition. Aber noch bekannter war die Stimme.
Er sprang empor .... das Ohr eines Mozart konnte sich
nicht täuschen; .... aber .... wie sollte sie hier sein?....
das war unmöglich!

Jetzt setzte die Stimme von neuem an .... Amadeus
eilte einige Schritte vor .... und stand vor einem Mädchen, das in die Pilgertracht gehüllt war, die in Italien
damals alle Wallfahrer und Wallfahrerinnen trugen, da
sie für Jeden, selbst für Räuber, unantastbar heilig war.
Aber rasch flog nun der breitkrämpige Hut und der lange
Muschelkragen ab, und — Giuditta lag an seinem Halse!

„Giuditta!" — rief Wolfgang vor Staunen außer
sich — „wie ist es möglich, daß du hier bist?"

„Sehr leicht!" — entgegnete diese lachend. — „Papa hat uns ganz pfiffig den letzten Abschied abgeschnitten, da hole ich mir ihn nun selbst. Meinst Du, ich ließe Dich so gehen, ohne ein ordentliches Lebewohl? und glaubt Papa eine Italienerin ließe sich so leicht täuschen? O! da irrt Ihr euch beide!"

„Aber ich begreife nicht!" — .... rief Amadeus noch immer starr vor Staunen.

„Auf welche Weise die „kleine wilde Katze" hierher kommt?" — frug die Tochter Uslinghi's.

„Ja!"

„Sagte dein Vater nicht selbst, daß ihr heute zu Marino im Augustiner-Kloster das Mittagsmahl einnehmen würdet?"

„Allerdings!"

„Nun, ihr reist mit Mönchen, und wenn Mönche in einem auswärtigen Kloster ein Mittagsmahl einnehmen, so heißt das, daß sie wenigstens sechs Stunden Rast machen: zwei am Tisch, zwei im Keller und zwei schlafend."

„Aber wie weißt du das?"

„Amadeo!" — rief hier Giuditta heiter — „das ist eine „deutsche" Frage. In Italien kennt dies jedes Kind."

„Aber dein Hierherkommen?"

„Da ich also wußte, dich jedenfalls noch hier zu treffen, und die Grotte der heiligen Cecilie zu Marino der Ort ist, zu dem ich alljährlich viermal wallfahre, so war mein Entschluß bald gefaßt. Kaum ward ihr fort, so sagte

ich meiner Mutter gerade heraus, daß es für sie und mich
eine Schande sei, von Papa Mozart hinter das Licht geführt worden zu sein — — eine Schande, die sich Italie-
nerinnen nicht gefallen lassen dürften. Ich sei daher fest
entschlossen, mich zu rächen und mir meinen Abschied von
Dir durch List zu holen. Sie lachte .... denn das war
ganz nach ihrem Sinn, da Euer Uebersiedeln in's Kloster
sie auch verdrossen hatte."

„Aber dein Hieherkommen?"

„Ich nahm also auf der Stelle meinen Pilgerhut und
Kragen und machte mich auf den Weg."

„Gestern schon?"

„Gestern! eine halbe Stunde nachdem ihr wegge-
gangen."

„Und du gingst zu Fuße bis hierher?"

„Den Abend und die halbe Nacht durch. Dann schlief
ich einige Stunden in Novelli bei meiner Base, und jetzt
bin ich schon drei Stunden hier, die ich zum Beten benutzt
habe."

„Aber da mußt du ja namenlos müde sein?"

„Was macht das? dafür hab' ich meinen Kopf durch-
gesetzt und mir einen Abschied von Dir erobert; Deinem
Papa gezeigt, daß sich eine Italienerin nicht überlisten läßt
— und endlich rechnet mir Pater Frattina, mein Beicht-
vater, die Wallfahrt als Buße an, das weiß ich schon."

Amadeus schüttelte lächelnd den Kopf. So sehr es
ihn freute, Giuditta noch einmal zu sehen, so beunruhigte
ihn doch sein Gewissen über den kleinen Betrug, der hier —

freilich ohne seinen Willen — dem Vater gespielt wurde, und Amadeus war nicht nur gewöhnt, des Vaters Willen als heilig zu achten, sondern auch nichts ohne sein Wissen zu thun. Hatte er bisher auch nicht im Entferntesten etwas Unrechtes in seiner brüderlichen Neigung zu Giuditta gesehen, so machte ihn diese Zusammenkunft irre, dann aufmerksam.... und bei dem glühenden Kusse, den die reizende kleine Italienerin jetzt auf seine Lippen drückte — — wußte er mit einemmale, daß es keine Schwester sei, die er in den Armen halte!

Und doch war dieser Kuß so süß, daß es ihn dabei mit einem seligen Schauer durchrieselte, — und doch hatte ihn noch kein Kuß so wunderbar angenehm berauscht, — und doch fühlte er heute zum erstenmale, daß er mit dem reizenden Mädchen einen Himmel in seinen Armen hielt.

Wie oft hatte er sich mit Giuditta in übervoller Laune gebalgt, sie umfaßt und umschlungen. Er war sich keines anderen Gefühles dabei bewußt geworden, als der Lust eines wilden Knaben, der mit einem anderen, oder seiner Schwester ringt. Heute — seit wenig Minuten war es anders. Der zum Jüngling heranreifende Knabe fing an zu fühlen, was es heiße: ein liebes, holdes, reizendes Mädchen in seinen Armen zu halten. In der That war denn auch die Zaubermacht und die Gewalt dieses neuen Eindruckes so groß, daß er alles Andere darüber vergaß. Und hatte nicht Giuditta für ihn den weiten Weg von Rom bis hierher zurückgelegt?.... war sie nicht Tag und Nacht gegangen, nur um von ihm noch einmal Abschied zu

nehmen? Konnte sein edles Herz, sein empfängliches Ge-
müth, für solche Beweise der herzlichsten Schwesterliebe
unempfindlich bleiben?

Gewiß nicht! und zwar um so weniger, als es die
Natur schon sehr empfänglich geschaffen. Amadeus gab
sich also freudig den Gefühlen der Dankbarkeit und der
aufkeimenden Liebe hin. In seinen Opern hatte er schon
öfter Arien der Liebe componirt, ohne freilich die Liebe je
zu kennen; jetzt fühlte er, daß das nur Noten ohne Sinn
und Verstand seien — jetzt kam es wie eine ferne Himmels=
ahnung über ihn, was denn wohl Liebe sei!

Giuditta hatte sich unterdessen niedergesetzt und
Amadeus zu sich gezogen, so das sein Haupt in ihrem
Schooße lag und sein feines schönes Gesicht in das ihre
schaute. Lange sahen sie sich auf diese Weise lächelnd an,
ohne zu sprechen; dann neigten sich beide gegeneinander, wie
zwei Rosenknospen, die der Morgenwind wiegt, und
fanden sich in langen seligen Küssen.

Stunden vergingen so im traulichen, süßen Geplauder,
in Scherzen und Witzen, und sie waren um so schöner und
seliger, als gar kein anderes Verlangen zu ihrem Bewußt=
sein kam, und der Engel der Unschuld und Kindlichkeit sie
heiligte. Das Morgenroth der Liebe stand über ihnen:
rosig, golden, unbeschreiblich schön; — sie schauten im
Geiste hinein und schwelgten in der Ahnung des hinter
ihnen liegenden Himmels.

Endlich war es Zeit sich zu trennen. Giuditta mahnte

selbst daran; denn auch sie mußte heute noch bis nach Ro-
velli zu ihrer Base zurück. Aber sie sagte:

„Nun, Amadeo, haben wir Abschied genommen; jetzt
auch kein Wort mehr. Du kommst wieder, und daß du
mich nicht vergißt, weiß ich."

Dann griff sie in ihren Busen, holte ein kleines goldenes Kreuz hervor und gab es Wolfgang mit den
Worten:

„Nimm dies Amulet, es ist vom heiligen Vater selbst
geweiht. Ich trage es seit meinem sechsten Jahre auf dem
Herzen, trage du es auch da und wenn du es ansiehst denke
an mich."

Dabei umfaßte sie ihn stürmisch, — noch einen Kuß,
und sie war in einem Seitengange der Höhle verschwunden.

Eine Nacht in Neapel.

~~~~~~

Der Abend hatte sein Dämmerlicht bereits über Neapel ausgebreitet, als es auf der Hauptstraße dieser Königin der Städte, der Riviera di Chiaja, die sich mit ihren prachtvollen Palästen der Länge nach an der Villa-Reale (den Tuilerien Neapels) hinzieht und an dem Ufer des Meeres bis zu dem Pausilipp erstreckt, lebendig wurde. Ist doch hier jeden Abend das Rendez-vous der ganzen neapolitanischen Welt, sowohl der haute société, als der Bürger, der Arbeiter, der Lazzaroni und der Bettler.

Die feinen jungen Herren auf kleinen calabresischen Pferden, die Damen in prächtigen offenen Wagen, die Officiere in glänzenden Uniformen, die Cabriolets auf hohen Rädern, oft mit zehn Personen besetzt, die Staatswagen des Adels — von Dienern in glänzenden Livreen und Fackelträgern umgeben — zahllose von ihren Geschäften

ruhende Arbeiter, Schaaren von Mönchen und Geistlichen
aller Arten und Farben, Männer, Weiber und Kinder —
— alles trifft sich hier und wimmelt bis Mitternacht
schwätzend, liebend, schäckernd, jauchzend, lachend, bettelnd
und genießend durcheinander, miteinander und aneinander
vorüber. Auch heute war das Gedränge ungeheuer, —
so furchtbar, daß es seinen Lärm weithin sandte und in
der Ferne dem Toben des aufgeregten Meeres glich; — so
gewaltig, daß es Jeden, der zum erstenmale in dasselbe
gerieth, wahrhaft betäuben mußte. Und diesen Einfluß
übte es denn auch in der That auf zwei Menschen, die
augenscheinlich fremd waren und sicher die erste Nacht in
Neapel zubrachten.

Diese beiden Menschen aber waren niemand anderes,
als der fürstlich Salzburgische Capellmeister, Herr Leopold
Mozart und sein berühmter Sohn, der cavaliere filarmonico!

Amadeus war von dem Treiben Neapels entzückt.
Das war so ganz nach seinem Sinn und kam ihm sehr
gelegen, nicht um die Eindrücke von Rom und Marino
zu verwischen, wohl aber den kleinen Gewissensbissen ein
Ende zu machen, die er noch immer über seine letzte, dem
Vater verheimlichte Zusammenkunft mit Ginditta hatte.

Aber er konnte mit dem ernsten Vater darüber nicht
sprechen; schon der Gedanke daran schnürte ihm die
Kehle zu.

Dem Capellmeister selbst gefiel dies fröhliche Treiben
ebenfalls, wenn es ihn auch — wie eben gesagt — betäubte.

Er blieb dabei, seiner Gewohnheit nach, ein stiller, ernster Beobachter, und als solcher folgte er denn auch mit seinem Sohne dem allgewaltigen Menschenstrome, der sie allmälich von dem aristokratischen Corso der Riviera di Chiaja nach dem mehr volksthümlichen Stadttheile Santa=Lucia hindrängte.

Aber welch' neue Scenen boten sich hier ihren Augen dar!

Da reihte sich eine unabsehbare Masse von Ständen und Boutiquen an einander; und . . . . was für eigenthümliche Stände und Boutiquen waren dies?

Als Dach dienten zumeist Reste alter durchlöcherter Segel! — als Stand selbst, vier Stangen und einige alte Breter! Zur Beleuchtung zwei Lichter — an jeder Ecke eines! Auf den Bretern aber und am Boden in flachen Körben, gebettet auf grüne vom Wasser noch feuchten Seepflanzen, waren Millionen Austern, Muscheln, Schaalthiere aller Art — bekannt unter dem Namen frutti di mare (Seefrüchte) — und zahllose kleine Fische, die zumeist noch zappelten und hüpften, ausgestellt. Aus den Kehlen der halbnackten, nur und allein mit kurzen, aufgeschürzten Leinwandhosen bekleideten Verkäufer aber tönte es im tollsten Durcheinander:

„Signori! — Monsignori!" — „Ostrechini, Caranci, Ferali!" — „Achtung! Achtung! Alles noch frisch und lebendig!"—Und dazwischen das ersehnte: „Aqua gelata!" — „Aqua gelata!"*) der Wasserträger.

----

*) Eiswasser, mit einem Tropfen Anisett gemischt.

Und neben diesen Boutiquen, alte Weiber an der Erde
kauernd und über Kohlenfeuer die gelben Kolben des
Maises röstend. Ein eben so beliebtes als wohlschmecken=
des Nahrungsmittel. Dann wieder die beweglichen Zelte
und Tische der Maccaronihändler und der Verkäufer der
Wassermelonen, dieser segensvollen Frucht für Italien, von
der es nicht umsonst heißt: „Per un soldo, si beve, si
mangia, e si lava la figura!"*) Und welche Schaaren
lustiger, genießender, jauchzender Menschen um diese
Stände und Tische. Dazwischen Guitarrspieler, Seil=
tänzer und Gaukler, die edle Poricinelle, und die unver=
meidlichen Marionetten. Und Mönche, wohin das Auge
sieht! „feiste, sinnliche, lebensvolle Gestalten, schwatzend,
tabackschnupfend und Beifall rufend wie die Anderen Alle!"

Vater Mozart und sein Sohn standen wie betäubt.
Ein solches Leben kannte ihr deutsches Vaterland nicht!
nicht einmal Wien, die stolze, doch gewiß auch als lebens=
lustig bekannte, Kaiserstadt! Ja Paris und London
blieben hinter demselben zurück.

Plötzlich aber wichen die Laute der Freude einem dro=
henden Gemurmel, das sich wie ein dumpfgrollender
Donner, zugleich mit einer ungeheueren Menschenmasse,
daher wälzte. Mit Blitzesschnelle verwandelte sich dabei
die Scene der Freude und der Lust in eine Scene so dro=
hender Art, daß Vater Mozart in der That zu bangen

---

*) Für einen Kreuzer kann man sich satt trinken, satt essen und
auch noch waschen.

anfing; allein von einem Ausweichen oder Zurückziehen
war hier keine Rede. Sie standen in dem Gedränge wie
angemauert. Die Ursache sollten sie bald erfahren. Es
war ein hier zu den Alltäglichkeiten gehörender Auflauf der
Lazzaroni, jenes Theiles der neapolitanischen Bevölkerung,
der so gefährlich, daß König und Regierung ihn damals
nur dadurch in Ordnung zu halten wußten, daß sie einem
dieser Lazzaroni — der gewissermaßen das Haupt oder der
Anführer derselben war — alle Monate fünfundzwanzig
Ducati d'argento, also gewissermaßen einen Tribut, aus=
zahlen ließen.*)

Tausende dieser halbnackten, mit Lumpen bedeckten
Menschen, ohne Stand, ohne Beschäftigung, ohne Eigen=
thum und Obdach, deren Neapel damals über 40,000
zählte, wälzten sich also, in einen gewaltigen schwarzen
Knäuel zusammengedrängt, murrend und schreiend daher.
Es war nämlich aus einer am Wege nach dem Pausilippo
gelegenen Capelle eine schwere goldene Kette gestohlen
worden, die einige fromme Pilgrimme kurz vorher der dort
aufgestellten Mutter Gottes geschenkt und um den Hals
gehängt hatten. Der Verdacht des Diebstahls ruhte nun
auf einem der Lazzaroni mit Namen Giacomo, bei dem
man die Kette gesehen haben wollte. Sofort arretirte ihn
die Polizei, und da sie den Richter des Stadtviertels auf
dem Platze von Santa=Lucia wußte, so hatte man ihm den
Thäter eben vorgeführt.

---

*) Mozart's Brief No. 14 aus Neapel.

Aber die Sache war sehr ernst, denn die tobende, murrende Masse der Freunde Giacomo's konnte jeden Augenblick eine die Ruhe Neapels bedrohende Emeute hervorrufen. Es kam also alles auf das Benehmen des Richters an, um den jetzt Tausende von Lazzaroni, Mönche, Bürger und Arbeiter, Käufer und Verkäufer einen Kreis bildeten. Sofort trat Todtenstille ein, denn der Richter hatte das Zeichen gegeben, daß das Verhör beginnen sollte.

„Tritt näher, Giacomo!" — sagte er jetzt mit fast väterlicher Stimme; denn er wußte recht gut, um was es sich hier handelte und wie diese Leute behandelt werden mußten.

„Tritt näher!"

Giacomo that es.

„Nun, mein Freund!" — fuhr der Richter fort, — „ist es wahr, daß du „der heiligen Mutter Gottes am Pausilippo eine goldene Kette gestohlen hast?"

„Ich habe sie nicht gestohlen!" — entgegnete gutmüthig der Lazzaroni.

„Wie? du hast sie nicht gestohlen?"

„Nein."

„Man hat sie doch bei dir gesehen!"

„Das ist wahr; aber ich habe sie nicht gestohlen."

„Giacomo! mach mich nicht böse."

„Ich habe sie nicht gestohlen."

„Nun gut!" — sagte der Richter mit unerschütterlicher Ruhe, — „du hast sie nicht gestohlen; aber du hast sie dir genommen!"

„Ich habe sie auch nicht genommen."

„Und haſt ſie doch? Wie iſt das zu verſtehen?"

„Nun," — verſetzte Giacomo, — „ich will erzählen wie es gekommen iſt."

„Alſo?"

„Sehen Sie, ich werde alt, Herr Richter; während meines ganzen Lebens aber war ich immer ein guter Chriſt, habe jeden Tag — des Morgens und des Abends — zu der heiligen Jungfrau gebetet. So war ich auch geſtern nach der Capelle „der heiligen Mutter-Gottes am Pauſilippo" gegangen, um zu ihr zu beten. Ich ſagte ihr dabei, ich ſei alt, — arbeiten könne ich nicht mehr . . . . und ſo fehle es mir an Allem. Als die Heilige das hörte, — ſie wußte, daß ich ein guter Katholik war — nahm ſie die Kette von ihrem Hals, gab ſie mir und ſagte: Nimm! da haſt du für·den Reſt deines Lebens ſoviel du für Maca= roni und Aqua gelata brauchſt. Sehen Sie, Herr Richter, ſo bin ich zu der Kette gekommen."

Kaum aber hatte Giacomo mit einer Stimme voll Ruhe, Gemüthlichkeit und Ueberzeugung dies geſagt, als ein ungeheures Freudengeſchrei von allen Seiten losbrach:

„Benedetta la madonna!" —

„Bravo, Giacomo, bravo!" —

„La santa madonna ha fatto un miracolo, per lui!"

„Bravo Giacomo!"

„Benedetta madonna!"*)

heulte und jubelte es durch die Lüfte!

---

*) Geſegnet ſei die Madonna! Brav, Giacomo, brav! Die heilige Mutter Gottes hat ein Wunder für ihn gethan! ꝛc.

Aber der Richter blieb ruhig und wartete — dem mit
pfiffiger Gutmüthigkeit und innerlicher Freude drein=
schauendem Giacomo gegenüber —ab, bis sich der Lärm
gelegt hatte. Als dies geschehen, sagte auch er mit fast
jovialem Tone:

„Das ist gut, mein lieber Giacomo, sehr gut für
dich; denn nun wirst du auch nicht gehängt. Ich glaube
dir auch und auf diese Weise hast du allerdings die Kette
nicht gestohlen.“

„Auch nicht genommen!“

„Nein,“ — versetzte der Richter, — „auch nicht, was
man zu sagen pflegt, genommen!“

„Nun denn . . . . so bin ich frei?“

„Ein einziges Wort noch!“ — sagte der Richter mit
feinem Lächeln. — „Ich glaube dir also, du hast die Kette
nicht gestohlen, und es ist gewiß, die „heilige Mutter
Gottes am Pausilippo ist sehr gut und gnädig gegen
dich gewesen, daß sie dir die schöne Kette gab. Du aber,
Giacomo, du hättest doch so zartfühlend sein sollen, ...
sie nicht anzunehmen!“

„Es ist wahr!“ — riefen jetzt einige Stimmen aus
dem Volke — „Giacomo hätte sie nicht annehmen
sollen!“

„Denn,“ — fuhr der Richter fort, — „die arme Mutter
Gottes hat jetzt nichts mehr! Sie ist des schönen Schmuckes
beraubt, den ihr fromme Hände gaben und der sie gewiß
gefreut hat . . . . beraubt durch dich, Giacomo! —
Das ist nicht schön . . . . die arme Madonna!“

„Die arme Madonna!" — wiederholten Hunderte von
Stimmen von allen Seiten. — „Gib ihr die Kette zurück,
Giacomo!"

„Ja! zurückgeben! zurückgeben!" — heulte es jetzt
durch die Nacht.

Giacomo kratzte sich hinter den Ohren, zerdrückte mit
verlegener Miene einige jener Thierchen auf dem Haupte,
die bei den Lazzaroni nie fehlen, griff dann in die Tasche,
zog die Kette heraus und gab sie dem Richter.

„Da ist sie!" — sagte er dabei gelassen — „aber ich
bin fest überzeugt, es wird der Heiligen peinlich sein, wieder=
zunehmen, was sie mir geschenkt hat."

„Glaub's nicht!" — versetzte der Richter kopfschüttelnd
— „es wird sie im Gegentheil freuen, und der Beweis
davon ist der, daß sie dir die Kette sicher nicht zum
zweitenmale gibt!"

Der Richter sprach diese Worte mit besonderer Beto=
nung, steckte dann die Kette ein und wandte sich zum gehen.

Der ganze Haufe aber, der sich noch wenige Minuten
zuvor so drohend gebärdet hatte, daß eine Emeute fast un=
vermeidlich schien, lachte jetzt und trug den frommen Gia=
como, — für den die Mutter Gottes ein Wunder
gethan und der doch so christlich gewesen, ihr den Schmuck
zurückzugeben, — jauchzend und singend von dannen.

„Wunderbare Stadt, wunderbare Menschen!" —
flüsterte der Capellmeister seinem Sohne zu, — „hier
haben wir so recht den italienischen Charakter aus erster
Hand. Eben noch Gesichter voll Rache, Hände an den

Dolchen, ein furchtbar drohender Auflauf — und jetzt . . . Lachen und Scherz, Freude und Gemüthlichkeit aller Orten!"

„Mir gefällt dies lebendige, feurige Wesen ungemein!" — sagte Wolfgang heiter, — „ich glaube sogar, ich verspüre so etwas italienisches in meinen Adern!"

„Deutsch, Wolfgang, deutsch ist besser!" — versetzte der Vater, — „ihre musikalischen Kenntnisse kannst du ihnen ablernen; ihren Charakter laß ihnen!"

Das Lärmen und Treiben aber wurde beiden jetzt doch zu viel. Sie gingen daher dem stilleren Theil der Gegend zu; es war das Ufer des Meeres. Aber auch hier waren sie nicht allein.

„Excellenzen, Excellenzen! einsteigen!" — rief ihnen ein Schiffer zu — „der Vesuv arbeitet! alle Fremden eilen hin!"

„Der Vesuv arbeitet?" — riefen Vater und Sohn und im gleichen Augenblicke standen sie in der Barke.

„Nach Portici?" — frug der Schiffer.

„Ja, Portici zu!" — sagte der Capellmeister und beiden klopfte das Herz.

Der Schiffer nahm das Ruder.

Aber kaum glitt die Barke einige Minuten auf dem Wasser dahin, als sich ein unaussprechlich schönes Bild vor ihren Augen entrollte.

Die Nacht hatte sich bereits vollkommen über die Erde und das Meer gelagert; aber — als ob sie bedaure, das herrliche Neapel verhüllt zu haben, — hatte sie den

Mond herbeigerufen, der nun groß und still aufging und mit seinem Silberglanze das Meer, die Felsen, die prachtvollen Landhäuser und Paläste, und dort, dort! .... den dunkelen Riesen Vesuv verklärte.

Und welche Gegensätze! — Das Meer, so unendlich groß, so majestätisch, so still erhaben, mit dem über ihm langsam dahinschwebenden Monde ein Bild der tiefsten Ruhe, des ewigen Friedens. Und hier! der innerlich kochende und glühende Riese mit den hoch aufsteigenden Rauchsäulen, die von Zeit zu Zeit gewaltig aufblitzende Feuerstrahlen durchbrachen, glühende Steine wie Brandraketen weit abschleudernd; während blutrothe zähe Flammenströme, dem Krater entquellend, in prachtvoll furchtbarer Erhabenheit langsam und wie mit dämonischer Majestät an den Seiten des Berges herniederflossen.

Amadeus — überrascht und gefesselt durch die Großartigkeit und Schönheit des Anblickes — saß stumm und regungslos am einen Ende der Barke; aber seine Blicke ruhten staunend bald auf dem Himmel, bald auf dem Meere, auf dem feuerspeienden Riesen und auf der träumenden Stadt.

Die Nacht war unaussprechlich schön, und doch ward es ihm fast ängstlich zu Muthe, wenn er dachte: daß nur einige Meilen von diesem ruhigen Meere, von dieser schwelgerischen Stadt, mit ihren so sorglos dahintaumelnden Bevölkerung, unter diesem ruhigen klaren Himmel, in dieser von Weichheit und köstlichen Düften erfüllten Atmosphäre ein Heerd furchtbarer Revolutionen throne, wo alle Elemente kochten, gährten, brannten und sich mit Wuth bekämpften; daß in den blutenden und zerrissenen Eingeweiden der Erde da unten der furchtbarste und entsetzenerregendste ewige Krieg wüthe!

Auch den Vater erfüllten solche Gedanken. Nach einem langen Schweigen sagte er daher jetzt: „Nie ward es mir in meinem Leben noch anschaulicher, wie unsicher und nichtig auch das Schönste auf dieser Welt ist; wie all das blühende Leben doch nur über dem Abgrunde des Todes und des Verderbens spielt. Der Vesuv kommt mir wie die Werkstätte finsterer höllischer Dämonen vor, die von hier aus in nächtlicher Stille die Welt überfluthen mit ihrem unseligen Treiben."

Er winkte dem Schiffer und die Barke drehte sich dem Heimwege zu.

Das Meer wurde glatt und glänzend wie ein ungeheuerer unabsehbarer Spiegel; kein Lüftchen bewegte seine Oberfläche, so daß die Sterne ganz hell aus der Tiefe wiederstrahlten und die Barke wie zwischen zwei Himmeln dahinglitt.

Da ertönte es plötzlich, von einem fernen Fischernachen her, gesungen von vier schönen Männerstimmen:

„O sanctissima, o piissima, dulcis virgo Maria!
„Mater amata, intemerata, ora, ora pronobis."

Und der berauschende Duft der südlichen Pflanzenwelt erfüllte, die zauberhaft weiche Luft. Die Sterne am Himmel und im Wasser funkelten hell und heller auf, und

wie ihr zitternder Strahl an das Herz des jungen Mozart
klopfte, da lösten sich alle Schleußen der Seligkeit und die
Nacht und das Meer und die Sterne und die Töne riefen
ihm leise, leise zu „Giuditta!“ „Giuditta!“ Und er
schloß die Augen — — und das Bild des geliebten, reizen=
den Mädchens schwebte lange vor seiner Seele.

Der Zauberring.

~~~~~~~~

Amadeus befand sich nun mit seinem Vater schon seit einigen Tagen in Neapel und zwar gefiel es beiden hier besser, als an irgend einem der anderen Orte, die sie bisher besucht. Wären Giuditta und Tommaso noch dagewesen, so würde Wolfgang geglaubt haben, in das Paradies versetzt zu sein.

Alles vereinte sich aber auch zu einem so schönen Zusammenwirken, wie man es sich nur denken konnte. Die herrliche Lage Neapels, die Schönheit der Stadt selbst und ihrer Umgebung, das heitere und doch so gewaltig-pulsirende Leben in ihr, die herzliche und begeisterte Aufnahme, die sie fanden, die Freunde und Verehrer, die sich ihnen anschlossen!

Besonders waren es der Baron Tschudy, die Gemahlin des kaiserlich österreichischen Gesandten, die Gräfin

Kaunitz, geborne Fürstin von Oettingen, und die Mar-
quise Tanucci, die sie gleich bei ihrer Ankunft mit offenen Armen empfingen. Letztere schickte schon den zweiten
Tag ihren Haushofmeister zu den neuen Ankömmlingen,
und ließ ihnen melden, daß derselbe jederzeit zu ihren Befehlen stehe, um sie in einem Wagen seiner Herrin aller
Orten herum zu führen und ihnen alle Sehenswürdigkeiten
zu zeigen. Auch die alte Principessa Belmonte und
die ihnen von London aus schon befreundete Lady Ha-
milton schlossen sich den Ebengenannten an; während
ihnen aus der musikalischen Welt der damals allgemein
beliebte und bekannte Componist Jomelli — dessen Oper
Cajo Mario gerade damals mit großem Beifall in Neapel
gegeben wurde — und ein deutscher Compositeur mit Namen Doll voll der herzlichsten Liebenswürdigkeit entgegen
amen.

Vom Hofe freilich war noch keine Einladung gekommen,
obgleich die Königin Amadens immer freundlich grüßte,
wo sie ihn sah; dagegen hatte eine Akademie, von der
Gräfin Kaunitz veranstaltet, den jugendlichen Meister in
den höchsten Kreisen bereits eingeführt und namentlich
auch mit dem Herzoge von Calabritta und dem Prinzen Francavilla, beide Verwandte des Königs, in Berührung gebracht. Das nächst Wichtigste aber für unseren
jungen Musiker war nun eine Einladung in das Conservatorium della Pieta, woselbst er sich vor einem Kreise
vornehmer Neapolitaner und den Zöglingen des Conservatoriums hören lassen und seine Meisterschaft als Clavier-

spieler beurkunden sollte. Doll und Jomelli hatten
versprochen, ihn und den Vater zu diesem wichtigen Gange
abzuholen.

Es war bereits sieben Uhr des Abends. Die größte
Hitze war vorüber, und durch die geöffneten Jalousien zog
ein frisches, erquickendes Lüftchen ein. Der Vater hatte
sich auf den Balken gesetzt, der sich vor dem Zimmer befand, und schaute, in nicht zu beschreibender Behaglichkeit,
auf das Bild, das sich vor seinen Augen ausbreitete und
das den ganzen Golf von Neapel umfaßte. Amadeus
dagegen saß am Claviere und spielte mit stillem Entzücken
einen Menuett von Haydn, den ihm Nannerl vor wenigen Tagen zugeschickt: Haydn war ja sein Ideal, seine
Freude und — als Deutscher — sein Stolz.

In diesem Augenblick traten die beiden musikalischen
Freunde ein. Amadeus ließ sich nicht stören:

„Hören Sie nur! hören Sie nur!" — rief er ihnen
mit der ihm eigenthümlichen Lebhaftigkeit entgegen —
„hören Sie nur etwas Neues von dem großen, göttlichen
Haydn! . . . . Welch' ein Ausdruck heiteren Gemüthes!
. . . . Ist das nicht als ob man in ein Gewühl glücklicher
Menschen hinein komme? . . . . Ist das nicht als ob Kinder lachten, sich neckten, mit Blumen würfen? . . . ."

Und er spielte in vollem Entzücken weiter. Endlich
stand er auf und rief, indem sich sein von der Sonne des
Südens leicht gebränntes Gesicht ganz prophetisch verklärte:

„Wie schön, wie beneidenswerth ist doch der Wirkungs-

kreis eines Tonkünstlers! Ich sehe es wieder an dieser
Schöpfung. Mit seinen süßen Harmonien entzückt er
Tausende und Abertausende empfänglicher Seelen; schafft
ihnen die reinste Wonne; erhebt, besänftigt, tröstet sie! —
Ja! auch dann, wenn er nicht mehr ist, lebt er fort in sei=
nen Werken .... und Tausende segnen und bewundern ihn."

„Nun!" — versetzte Jomelli — „unser guter Ama=
deus ist auf dem besten Wege ein solch' glücklicher Un=
sterblicher zu werden!"

„Ja," — rief Wolfgang lachend — „Wunsch und
Wille sind dazu da; aber sonst bis jetzt noch wenig. Da=
gegen haben Sie sich, Herr Capellmeister, schon die schön=
sten Denkmale gesetzt. Ihre Opern: „Iphigenia" und
„Cajo Mario" entzücken ganz Italien, und ihr meister=
haft gesetzter Psalm: „Benedictus dominus deus Israel"
ist unvergleichlich schön. Wir hörten ihn in Rom!"

„Es geht aber nichts über klassische Kirchenmusik!" —
sagte der Vater, der jetzt hinzugetreten war und den beiden
Freunden die Hände drückte; — „und darin hat Amadeus
recht, Ihr Psalm, Jomelli, ist eine klassische Composition,
und wird überall entzücken."

„Die Musik ist eben die wahre allgemeine Sprache,"
— versetzte Jomelli — „die man überall versteht: daher
kennen sie alle Länder und Völker, darum tönt sie durch
alle Jahrhunderte, — darum wird sie mit so großem Ernst
und Eifer unaufhörlich geredet; deßhalb macht eine bedeut=
same, vielsagende Melodie auch gar bald ihren Weg um

das ganze Erdenrund; während eine nichtssagende gemein=
lich schnell verhallt und erstirbt."

„Nur muß sie nicht von Dingen reden wollen," —
versetzte Amadeus — „sondern einzig und allein von
Gefühlen: denn gerade weil sie das Reich der Gefühle so
unumschränkt beherrscht, spricht sie so sehr zum Herzen,
während sie dem Kopfe unmittelbar nichts zu sagen hat.
Daher ist alle malende Musik ein Mißbrauch! ....
o, ich fühle es so deutlich in mir, deutlicher als ich es sagen
kann: Musik soll nichts Anderes sein, als Ausdruck
der Leidenschaften."

Doll und Zomelli hatten mit Staunen den Worten
des, in seinem Aeußern fast noch knabenhaften, Maestro
zugehört. Er hatte mit dem Ernste eines erfahrenen Man=
nes gesprochen und doch war er ihnen bis dahin fast nur
als ein ausgelassenes heiteres und witziges Kind vorge=
kommen. Aber sie sollten bald noch mehr erstaunen; denn
wenn Amadeus einmal von Musik sprach, waren alle
Kinderpossen vergessen und er erschien als vollkommen
urtheilsreifer Mann. Diese Urtheilsreife lag aber
eben so ursprünglich in ihm, als die Begabung zu Compo=
sitionen und technischer Ausführung. Er war mit diesen
Gaben geboren.

Zomelli wollte ihm indessen heute einmal auf den
Zahn fühlen und fuhr daher in dem Gespräche fort, indem
er zu Amadeus gewandt, frug:

„Für was erklären Sie eigentlich die Musik? Was ist
sie wohl, ihrer tiefsten Bedeutung nach?"

Wolfgang überlegte einen Moment, dann sagte er mit leuchtenden Augen, als spräche er einen Satz seines inneren Evangeliums aus:

„Musik ist die Melodie, zu der die Welt der Text ist!"

Die drei älteren Männer standen frappirt.

„Aber wie wollen Sie dies erklären?" — frug Jomelli weiter.

„Erklären?" — wiederholte Amadeus, wenn nur das „erklären" nicht wäre. Ich fühle das Alles, aber das „erklären" wird mir oft sauer."

„Du mußt es aber doch versuchen!" — sagte der Vater — „denn nur so wirst Du Dir klar."

„Nun!" — rief Wolfgang — „probiren wir's; aber ich muß einen Vergleich zu Hülfe nehmen. Das Verhältniß der Tonkunst zu dem ihr jedesmal aufgelegten bestimmten Aeußerlichen, wie Marsch, Tanz, Aktion, kirchliche oder weltliche Feierlichkeit u. s. w. ist analog dem Verhältniß der Architektur als blos schöner, d. h. auf rein ästhetische Zwecke gerichteter Kunst zu den wirklichen Bauwerken, die sie zu errichten hat, mit deren nützlichen, ihr selbst fremden Zwecken sie daher die ihr eigenen zu vereinigen suchen muß, indem sie diese unter den Bedingungen, die jene stellen, doch durchsetzt, und demnach einen Tempel, Palast, Zeughaus, Opernhaus u. s. w. hervorbringt, daß es sowohl an sich schön, als auch seinem Zwecke angemessen sei und sogar diesen, durch seinen ästhetischen Charakter selbst ankündige. In gleichem Verhältnisse steht nun die Musik zu Welt und Leben. Ich kann sie mir ideal denken; aber dann ist sie Musik der Sphären. Für uns Erdenmenschen tritt sie nur auf, wenn sie die Melodie zu dem Text wird, den Welt und Leben geben. Die Mutter will ihr Kind in den Schlaf singen, Krieger ziehen in den Kampf, lustige Mädchen wollen tanzen, fromme Seelen sich erheben . . . . . da haben wir die Texte zu dem Wiegenlied, dem Marsch, dem Tanze, der Kirchenmusik."

„Sollte aber die Dienstbarkeit zu all diesen willkürlichen Zwecken das eigentliche Wesen der Musik sein?" — frug hier Doll.

„Nein! gewiß und wahrhaftig nicht!" — rief Amadeus eifrig und mit leuchtenden Augen. — „Ihrem eigentlichen, tiefinnersten Wesen ist dies Alles so fremd, wie der rein ästhetischen Baukunst die menschlichen Nützlichkeitszwecke. Wären wir höhere, nicht an die äußere Erscheinung gebundene Wesen, wüßten wir, daß die Musik ihrem tiefsten Wesen nach keinen Text bedarf, ja, ohne ihn, sich viel freier bewegt; aber wir sind eben Menschen und mit der irdischen Musik an Raum und Zeit, Welt und Leben gebunden. Dennoch geht etwas praktisches hieraus hervor: auch unsere Musik wird da ihren Höhepunkt erreichen, wo sie sich am freiesten vom Text macht, also im Concert, in der Sonate und vor allem in der Symphonie!"

„Sehr richtig!" — sagte Jomelli — „die Symphonie ist der schönste Tummelplatz der Musik, auf dem sie ihre Saturnalien feiert."

„Und" — rief Amadeus — „den ganzen Jubel der
Menschenbrust aushaucht! O ich sehne mich darnach eine
zu schreiben, und hier kann man es lernen. Das Leben in
Neapel ist eine einzige große Symphonie! — Aber wir
sind von unserem Thema abgekommen, und doch möchte ich
mich hier noch über etwas aussprechen."

„Also?" — sagte der Vater.

„Ich sprach vorhin vergleichend von der Architektur,"
— fuhr Wolfgang fort, — „nun, das Schicksal dieser
Kunst führt mich wieder auf das der Musik. Beide sind
auf böse Abwege gerathen, von welchen sie zurückgebracht
werden müssen."

„Und welches sind diese Abwege?" — frug Jomelli.

„Das was man thörichterweise jetzt ihre Tugenden
nennt!" — versetzte der junge Maestro eifrig — „die
römische Architektur, das hat man ja in Italien täglich vor
Augen, kam unter den späteren Kaisern dahin, daß ihre
reine ursprüngliche Schönheit unter der Ueberladung mit
Verzierungen unterging. Ist es mit der Musik unserer
Tage anders? Wird nicht alle Einfachheit und natürliche
Schönheit verrückt und erdrückt von Schnörkeln, Verzierungen und Ueberladungen? Lärm, Lärm und wieder
Lärm! . . . . . Viele Instrumente, viele Kunst, ... aber
wenig Wahrheit, wenig deutliche, eindringende und ergrei-
sende Grundgedanken!"

Vater Mozart war bei dieser etwas allzukühnen
Aeußerung seines Sohnes unruhig geworden. Er fürch-
tete, daß sich Jomelli durch diesen directen Tadel der

damaligen italienischen Musik beleidigt fühlen und die
Worte des Sohnes vielleicht weiter verkünden könnte.
Aber Jomelli, der dies bemerkte, legte beruhigend seine
Hand auf des alten Mozart's Arm und sagte lächelnd:

„Befürchten Sie nichts, mein edler Freund, Ihr Sohn
spricht mir aus der Seele, und ich glaube, daß mein Cajo
Mario beweist, daß ich denke, wie er."

„Deshalb machte ich auch meiner Seele bei Ihnen
Luft!" — rief Amadeus. — „Ich habe so viele schaale,
nichtssagende, melodielose Compositionen des Zeitgeschmackes
hören müssen, daß ich — gerade bei Ihrer Oper — mir
vornahm, Ihrem Beispiele zu folgen, und wenn ich jetzt
meine Oper für Mailand schreibe, den überflüssigen, ent-
stellenden Quark wegzulassen."

Vater Mozart ward es, trotz der erfrischenden See-
luft, die durch die geöffneten Jalousieen hereinwehete,
immer heißer: aber Amadeus war einmal im Zuge und
so mußte der Vater mit Bangen und Zagen zuhören, wie
sich sein vierzehnjähriger Sohn in den kühnsten reformato-
rischen Ideen erging:

„Die große Oper" — sagte der junge Maestro jetzt —
„ist gar kein Erzeugniß des reinen Kunstsinnes mehr, vielmehr des barbarischen Begriffs von Erhöhung des ästhetischen Genusses mittelst Anhäufung der Mittel. Gleich-
zeitigkeit ganz verschiedenartiger Eindrücke und Verstärkung
der Wirkung durch Vermehrung der wirkenden Masse und
Kräfte; während doch die Musik, als die mächtigste aller
Künste für sich allein, den für sie empfänglichen Geist

vollkommen auszufüllen vermag; ja, ihre höchsten Pro-
duktionen, um gehörig aufgefaßt und genossen zu werden,
den ganzen ungetheilten und unzerstreuten Geist verlangen,
damit er sich ihnen hingebe und sich in sie versenke, um
ihre einfache, aber so geheimnißvolle als innige Sprache
zu verstehen. Statt dessen bringt man jetzt in der Oper
zugleich durch das Auge auf den Geist ein, mittelst des
buntesten Gepränges, der phantastischsten Bilder und der
lebhaftesten Licht= und Farben=Eindrücke; wobei noch außer=
dem die Fabel des Stückes ihn beschäftigt. Durch dies
Alles aber wird der Zuhörer abgezogen, zerstreut, betäubt,
und so am wenigsten für die heilige, geheimnißvolle innige
Sprache der Töne empfänglich gemacht."

  „Da bietet doch die Kirchenmusik einen viel reineren
Genuß!" — fiel hier Vater Mozart ein, der in seiner
Verlegenheit nach einer Wendung des Gesprächs haschte.

  „Freilich! Freilich!" — rief Amadeus — „schon
darum, weil deren meistens unvernommene Worte, oder
das wiederholte „Hallelujah!" — „Gloria!" — „Eleison"
— „Amen" u. s. w. zu einem bloßen Solfeggio*) werden,
in welchem die Musik — den allgemeinen Kirchencharakter
bewahrend — sich frei ergeht und nicht, wie beim Opern=
gesange, in ihrem eigenen Gebiete von Miseren aller Art

---

  *) Solfeggien heißen die von Guido von Arezzo in 11.
Jahrhundert zur Bezeichnung der Töne erfundenen Silben: ut, re,
mi, fa, sol. Jedes Ueben im Notensingen und Notenlesen ohne
Text, blos mit der Aussprache der Tonbezeichnung heißt daher Sol-
feggiren. Ein so gesetztes Tonstück ist ein Solfeggio.

beeinträchtigt wird, sondern sich frei und mit großen Flügel-
schlägen emporschwingt, wie ein Seraph!"

„Ja, ja!" — rief Jomelli und reichte Amadeus
mit dem Ausdruck der aufrichtigsten und tiefsten Achtung
die Hand — „ja! junger Mann, Sie haben recht! Messe
und Symphonie allein geben vom höheren rein musikalischen Standpunkte aus betrachtet, ungetrübten, vollen
musikalischen Genuß; während in der Oper die Musik sich
nur gar zu oft mit dem schalen Stück elend herumquält
und mit der ihr aufgelegten fremden Last durchzukommen
sucht, so gut sie kann."

„Jetzt aber war Vater Mozarts Angst bis auf das
höchste gestiegen:

„Kinder!" — rief er daher mit fast rührender Besorgniß — „Kinder, Ihr habt beide recht und ich theile Eure
Ansicht ganz und gar. Aber ich beschwöre Euch, kommt
von dem unseligen Gedanken ab, den einmal herrschenden
Geschmack zu reformiren. Hört mich, als einen Mann
von Erfahrung: Ihr seid verloren, wenn Ihr es
thut! Führt das Gute und Schöne, was Euer Genius
gebiert, immer ein; aber achtet die alten anerkannten
Doctrinen. Führt die Menschen nach und nach zum
Besseren, — läutert, veredelt die Musik — aber langsam,
allmälig, unbemerkt. Wer den Menschen das Gute mit
Gewalt aufzwingen will, erliegt den Anathemen der Pri-
vilegirten und Beschränkten; — wird, ist er ein Musiker,
von ihrem Schreien, Toben und Pfeifen zu Tode gehetzt
werden!"

„Bester Capellmeister," — versetzte Jomelli lächelnd — „Ihr seid zu ängstlich. Alles schreitet vorwärts, also auch die Musik. „Laßt die Todten ihre Todten begraben!" sagt die heilige Schrift; wir, die Lebenden sind verpflichtet den Gesetzen des Lebens Rechnung zu tragen und das Alte, Ueberlebte abstreifend, Neues, Edleres und Besseres zu schaffen."

Vater Mozart schüttelte trübe das Haupt; dann sagte er zu Jomelli:

„Ihr, Herr Capellmeister, seid ein Mann von begründetem Rufe, großen Talenten und ausgebreiteten Lebenserfahrungen. Vielleicht glückt es Euch; aber ich fürchte, ich fürchte, Ihr fallt Eurem edlen Streben zum Opfer. Amadeus ist noch ein Knabe — ein Anfänger — er hat jedenfalls jetzt noch das Alte zu achten. Steht er einst groß da, dann mag er thun, was er nicht lassen kann!"*)

Indessen war die Zeit zum Besuche in dem Conservatorium della Pieta herangekommen. Die Musiker machten sich also mit Amadeus auf den Weg dahin.

Das Conservatorium war ein altes düsteres Gebäude,

---

*) Die Voraussagung in Betreff Jomelli's erfüllte sich leider nur zu bald. Beauftragt für Johann V. König von Portugal, mehrere Opern zu schreiben, bemühte sich dieser verdienstvolle Mann einen besseren und einfacheren Styl in der Operncomposition einzuführen, wurde damit aber überall verhöhnt, angefeindet und zurückgestoßen. Diese Unbillen, zahllose Verfolgungen und die kalte Aufnahme seiner Opern brachen ihm das Herz, so daß er schon nach 4 Jahren — 1774 — starb. Unter seinen Kirchenstücken zeichnet sich besonders ein „Miserere" und „Requiem" aus.

das eher das Ansehen eines Klosters, als das einer theo=
retisch und praktischen Bildungsanstalt für Musiker und
Sänger hatte. Das große dunkle Thor glich einem Löwen=
rachen und der Empfang=Saal sah — trotz der vielen
Heiligenbilder an den Wänden — eine Reitschule gar nicht
unähnlich. Die Eindrücke, welche es daher auf Wolf=
gang machte, waren durchaus keine angenehmen, und die
Stimmung, in die sie ihn versetzten, wurde durch die großen
Gesellschaft von Herren und Damen, die er außer den
Schülern des Conservatoriums hier fand, durchaus nicht
gehoben.

„Da geht wieder mein Leiden an,“ — sagte er daher
nach den ersten Begrüßungen in verdrießlichem Tone halb=
laut zu seinen Gefährten. — „Das wartet wieder Alles
auf Hexereien und musikalische Seiltänzerkünste! Sehen
wollen sie, wie meine Finger hüpfen und fliegen . . . . der
Flug der Phantasie, das Hervorrufen musikalischer Ideen
ist nicht die Sache der Menge.“

Und er war zerstreut, sein Blick unstät, sein Geist bei
dem vorhin geführten Gespräche. Endlich bat man ihn,
sich an das Clavier zu setzen. So wie er aber diesen Platz
eingenommen, war er auch ein ganz anderer Mensch. Die
Gesellschaft existirte nicht mehr für ihn. Ernst und ge=
sammelt blickt sein Auge vor sich; jeder Muskel drückte
die Bewegung aus, die in ihm vorging und welcher er durch
Töne Sprache gab.

So fing er, wie gewöhnlich, in langsamen Tempo an.
Es war eine einfache Melodie, noch einfachere Harmonie,

die nur nach und nach interessanter wurden. Er that dies, theils um sich selbst erst zu erheben, theils um den Geist der Zuhörer zu sammeln und dann mit sich in kühnem Adlerfluge emporzutragen.

Aber Wolfgang bemerkte nicht dabei, daß die Leut= chen ringsumher sich ansahen, und daß über manches Ge= sicht eine Miene flog, die halb spöttisch, halb verächtlich sagte: — „Sehr gewöhnlich!"

Da ward das Spiel Mozarts plötzlich feierlich, seine Harmonie frappant und groß; aber das Frappante und Große war für gewöhnliche Ohren zu schwer. Das deuchte den Meisten langweilig, und so fingen verschiedene Damen an, einander etwas zuzuflüstern, mehrere nahmen Theil, am Ende sprach beinahe die halbe Gesellschaft leise.

Jetzt erst bemerkte dies Amadeus, der bis dahin zu tief in seine Phantasien versunken war, um etwas anderes als die Klänge zu hören, die seinen Geist erfüllten und seine Hände wachriefen. Das Blut schoß ihm, dem leicht Gereizten, zu Kopf.

„Dummköpfe!" — brummte er ziemlich laut, aber in deutscher Sprache, vor sich hin. — „Sie schwätzen und basen, weil ich die Töne keine Purzelbäume auf ihrem Trommelfell schlagen lasse. Aber wartet, ich will euch Respekt einflößen!"

Und mit einemmale, den Hauptgedanken mit einer brillanten Wendung wiedergebend, behandelte er denselben mit einer Virtuosität, die sogleich Alles verstummen machte,

— und variirte dann die Melodie zehn bis zwölfmal mit solcher ungeheuren Fingergewandtheit, daß sich die ganze Gesellschaft staunend herbeidrängte. Aber je mehr Ausrufe des Entzückens und der Bewunderung Amadeus jetzt hörte, desto wilder vor Zorn und Verachtung ward er. Seine kleinen schönen Hände flogen in den, nun wie zum Hohn und Spott losgelassenen Fingerhexereien so schnell über die Tasten, daß sie effectiv fast nicht mehr zu sehen waren und nur der Brillant seines Ringes durch sein Blitzen ihre pfeilschnellen Bewegungen kundgab.

Jetzt war die Gesellschaft starr und stumm, vor Staunen. Namentlich erfaßte die Schüler des Conservatoriums ein unheimliches Grauen. Es war bei vielen — namentlich den älteren, die sich schon Jahre lang mit dem Clavier quälten, ohne es zu etwas Bedeutendem zu bringen — das Bewußtsein ihrer völligen Nichtigkeit gegen diesen vierzehnjährigen Knaben aus dem barbarischen Deutschland. Sie starben bald vor Neid, und als Amadeus geendet und ein lauter Applaus sein Spiel lohnte, zuckten mehrere die Achseln und flüsterten den Nächststehenden etwas in die Ohren. Da hörte man denn manches: „Ja so!" — „Jetzt begreife ich es!" — „Natürlich!" — „Das ist keine Kunst!" — und bald ging das Gezischel durch den ganzen Saal.

Wolfgang unterhielt sich gerade mit dem Director des Conservatoriums, und sah und hörte von diesem unanständigen Treiben daher nichts; in desto größere Verlegenheit brachte es Vater Mozart, Doll und Jomelli. Endlich sagte Letzterer: „Ich muß wissen, was das ist." Und auf

einen der Schüler zugehend, der ihm bekannt und verwandt
war, frug er nach der Ursache dieses auffallenden Be=
tragens.

„Je nun!" — entgegnete dieser — „meine Freunde
meinen, es sei so leicht als unrühmlich auf die Weise
des jungen Herrn Mozart sich Ehre zu verdienen."

Jomelli stutzte.

„Ich verstehe Sie nicht!" — sagte er dann. — „Leicht?
— wo ist denn einer von Ihnen allen, der sich mit ihm
messen könnte? und was soll das „unrühmlich"
bedeuten?"

„Jeder kann sich mit ihm messen, der sich dazu hergibt,
sich desselben Mittels zu bedienen."

„Mittel?.... ich wüßte hier keines, als ein eminentes
Talent und eine horribele Fingerfertigkeit, die einen unbeug=
samen Fleiß voraussetzt!

„So?" — rief der Schüler verächtlich lächelnd.

„Was soll Ihr „so"?" — rief jetzt Jomelli, in ächt
italienischem Zorn aufblitzend, so laut, daß auch der
Director des Conservatoriums und Amadeus es hörten
und näher traten.

„Sie sind des Herrn Freund!" — entgegnete achsel=
zuckend der Schüler.

„Ich bin ein fünfzigjähriger Mann von begründetem
Ruf," — ertgegnete Jomelli stolz, — „und beuge mich
in hoher Verehrung vor diesem jungen, aber ächten Künstler,
den selbst Bologna zum Cavaliere filarmonico ernannt
hat."

„Was wohl nicht geschehen wäre, wenn man gewußt hätte . . . .“

„Was?“ — fielen hier Amadeus, Jomelli und Doll zugleich ein.

„Daß Sie einen „Zauberring“ am Finger tragen,“ — platzte jener heraus — „der Ihnen die Kunstfertigkeit, mit welcher Sie alle Welt hinreißen, durch magische Kraft gibt!“

„Ja! es ist ein Zauberring,*) den er am Finger trägt!“ — riefen jetzt eine Menge Stimmen.

Jomelli und Doll lachten laut auf; über die feinen Züge des jungen Mozart's aber lief nur ein leises Lächeln, in dem indessen der Ausdruck tiefsten Bedauerns lag. Ohne ein Wort zu sagen, streifte er den Ring vom Finger, legte ihn in die Hand des Directors, setzte sich abermals an das Clavier und spielte nun wo möglich noch wundervoller, eleganter, künstlicher und hinreißender wie zuvor.

Die Eleven standen verdutzt, bleich . . . . sprachlos da, den Ausdruck der Schaam in den bornirten Zügen; und jetzt kannte, als Amadeus geendet, die Bewunderung der bis dahin Ungläubigen keine Grenzen mehr.

Aber Wolfgang fühlte sich nicht behaglich, und drang auf baldiges Weggehen.

Der Vater willigte gern ein und Jomelli und Doll begleiteten sie. Als sie aber das Conservatorium kaum hinter sich hatten, machte Amadeus zum Schrecken Aller

*) Jahn: I. Theil, 2. Buch. Seite 203.

auf einmal und mitten auf der Straße einen Luftsprung, indem er — freudig, wie ein freigelassener Sclave — rief:

„Zum Teufel jetzt die Dummheit der Menschen! Gott sei Dank ich bin diese Gesichter los und will heute Abend so ausgelassen sein, als hätte ich die Nannerl oder meine „kleine wilde Katze" bei mir!"

„So kommt zu mir!" — rief Jomelli, — „Ihr seid heute Abend meine Gäste!"

Die Einladung wurde mit Freuden angenommen, und nun hätte man Amadeus sehen sollen. Er parodirte mit köstlicher Persiflage die Eleven des Conservatoriums, von welchen auch einige diesen Abend gespielt und gesungen hatten, mit ihrer süßlich-bornirten Weise und ihrem verdorbenen und verdrehten Kunstgeschmack. Dann setzte er sich — während eine götterschöne Nacht durch die weit offen stehenden Fenster hereinblickte — vor Jomelli's Clavier, und — auf ihr heutiges Gespräch über die Verirrungen der damaligen Operncompositeure eingehend — führte er ganze Opernscenen aus dem Stegreife in jener überladenen Manier so wahrhaft komisch auf, daß die Uebrigen sich vor Lachen schütteln mußten.

Plötzlich war er verschwunden; zehn Minuten später aber trat er mit einem beschriebenen Notenblatt, dessen Noten noch nicht trocken waren, aus Jomelli's Arbeitszimmer.

„Nun!" — rief Doll heiter, — „was für ein Werk haben wir jetzt wieder der Inspiration unseres jungen Maestro's zu danken!"

„Werk?!" — frug Amadeus mit komischem Pathos,
— „Herr, wenn der Cavaliere filarmonico mit dem
„Zauberringe" schreibt, so gibt das nicht so schlechthin nur
„ein Werk," sondern ein Kunstwerk!"

„Nun!" — versetzte jener lachend, — „also: mit was
für einem „Kunstwerk" will uns Signor Mozart über=
raschen?"

„Mit einem der erhabensten Kunstwerke im Sinn und
im Geiste der Zeit!"

„Und das ist?"

„Eine der großartigsten Bravour=Arien für irgend eine
großartige Prima=Donna."

„Etwa für die Bernasconi, die in deiner Mailänder
Oper singen soll, und die wir morgen besuchen müssen?"
— frug der Vater scherzend.

„Einerlei!" — rief Amadeus lustig, ein volles Glas
köstlichen im Eis gekühlten Capri=Wein hinunterschlürfend.
— „Bernasconi, Gabrielli, Bastardella oder
Spagnoletta.... jedenfalls muß sie eine Stimme wie
eine Nachtigall und einen Athem wie ein Blasbalg haben."

„Zeig her!" — sagte der Vater. — „Ha, ha!.....
Spottvogel.... das sind Lieblingsideen der Alessandri,
Gazzaniga u. s. w."

„Und der Text!"

Aber ein neues homerisches Gelächter schallte jetzt
durch die Räume. Amadeus hatte ihn aus einer Summe
der hochtrabensten und wüthigsten italienischen Opern=
floskeln und Exclamationen zusammengesetzt und diese

bunten Glasperlen auf das Possirlichste zusammen=
gereiht.

„Gebt jetzt Acht!" — rief er, an das Clavier tretend,
— „die Prinzessin kommt!" — und mit unnachahmlicher
Schelmerei sang er, mit seiner schwachen aber schönen und
schulgerecht gebildeten Stimme:

„Dove, ohi dove, son io? — — — Oh Dio!
questa pena! o prince!... o sorte!... io tremo!...
io manco!... io moro!... o dolce morte!"*)

Aber in demselben Moment fiel, wie eine Bombe ins
Haus, der entlegenste Accord brausend drein, und Ama=
deus sang, an der Prinzessin Stelle zusammenfahrend:
„Ah qual contrasto!.... barbare stelle!.... tradi-
tore!.... carnifice!"....**)

Und so ging es voll Schelmerei fort über die wanken=
den Brücken des Imponendo, colla parte, vibrando,
rinforzando, smorzando u. s. w. und deren vielfältige
Schnäbel und Wiederhaken.

Niemals hatte der Vater seinen Amadeus noch so
liebenswürdig ausgelassen gesehen als heute; er ward selbst
ganz jung und feurig, und alle vergaßen so sehr der Zeit,

---

*) Wo, ach wo bin ich? O Gott! welche Pein! O Prinz! O
Schicksal!... Ich zittre... ich sinke nieder... ich sterbe... o süßer
Tod!

**) Ach welcher Contrast!... Grausames Schicksal! Verräther!
Grausamer!

daß der Morgen schon am Himmel stand, als sie von einander schieden.

„Es lebe der Zauberring!" — rief Amadeus noch, als sie schon auf der Straße waren, Jomelli zurück. — „Ohne ihn wären wir nicht so lustig gewesen!"

Signora Bernasconi.

~~~~~~~

Signora Bernasconi, Italiens damals berühm=
teste Sängerin, hatte zu Mittag gespeist. Die kostbar=
feine ächt neapolitanische Suppe von Schnecken und Mu=
scheln, die Frutti di Maré (Austern und kleine Schalthiere),
die Maccaroni, Hummern, grüne Salate, Fische, Ziegen=
und andere Braten waren hinausgetragen, und nur Apfel=
sinen, Feigen, Pfirsiche und Trauben, nebst einigen Flaschen
Capri= und Falerner Weine, standen noch auf der Tafel.
Die Tafel war dabei mit zehn Couverts besetzt: aber
augenscheinlich war nur eines davon gebraucht; was daher
kam, daß jeden Mittag, auf den strengen Befehl der Sig=
nora Bernasconi, ein Diner für zehn Personen bereitet
und servirt werden mußte, einerlei ob zehn, vier, zwei Gäste
erschienen oder die Signora die Laune hatte, allein zu
speisen.

Letzteres war heute geschehen. Die Hitze war der

Sängerin zu unerträglich gewesen, um sich irgend den leisesten Zwang aufzulegen. Obgleich sich daher zu der stets offenen, vortrefflichen Tafel, der blendend schönen, geistreichen und gefeierten Künstlerin auch heute Gäste genug gemeldet hatten — Gäste unter denen sich sogar der Prinz Francavilla befunden — waren sie doch mit dem Bescheid abgewiesen worden: „Signora Bernasconi speise heute allein!"

Aber in Italien ist und war von jeher eine Primadonna von Ruf eine tyrannische Macht, von der nicht nur der Maestro, der für sie die Opern componirt, Alles zu hoffen hat, wenn er gehorcht, und Alles zu fürchten, wenn er sich als rebellischer Sclave zeigt; — sondern auch der Theater= unternehmer, sammt jedem Verehrer und Anbeter, mag er Künstler oder Fürst, Marchese oder Prinz sein. Die Macht einer italienischen Primadonna ist absolut!

Signora Bernasconi lag jetzt auf einem Divan, den wundervollen Körper nur von einem ganz leichten aber kostbaren weißen Neglige eingehüllt. Sie war schön und stolz wie eine Juno und auf ihrem Antlitz lag etwas, anzu= sehen, „nicht etwa wie ein Maientag, sondern eher wie ein Himmel voll Glut und Wetterleuchten!"

Ein unbändiger Stolz thronte dabei auf der hohen Stirne; die edel gebogene Nase, die kühn geschwungenen starken Augenbrauen, die blitzenden Augen, das feine Bärt= chen auf der Oberlippe aber, kündeten Feuer, Kraft und Entschlossenheit. Wer dies Weib sah, fühlte, daß Muth dazu gehöre, mit ihr umzugehen.

Jetzt aber hatte sich diese hohe junoische Stirne auch
noch in Falten gelegt, da Launen und Langeweile die
Herrin plagten. Niemand freilich sah dies, als eine einzige Person, die Zofe der Signora, die in der fernsten
Fensternische stand; — aber diese arme Person hielt auch
vor Herzklopfen und Angst die Hand auf die beklommene
Brust gedrückt, denn jeden Augenblick konnte sich ja ein
Gewitter mit vernichtenden Blitzen und Donnern über
ihrem Haupte entladen. Und wie schrack sie zusammen,
als nun in der That plötzlich ein herrisches:

„Arabella!" — ertönte.

„Signora!" — entgegnete sie zitternd und trat einige
Schritte vor.

„Näher!" — gebot die Sängerin — „soll ich meine
Stimme anstrengen, wenn ich mit Dir rede?"

Die Zofe folgte demüthig.

„Gib mir Eiswasser."

Arabella reichte es ehrerbietig und Signora trank;
dann dehnte sie sich, im höchsten Grade gelangweilt, und
sagte:

„Ist Niemand im Vorzimmer?"

„Niemand, Signora!"

„Und warum hat man heute alle Besuche abgewiesen?"

„Vergebung, meine gnädige Gebieterin," — stammelte
Arabella, — „Sie haben es selbst befohlen."

„Dummheit!" — entgegnete jene, — „ich wollte allerdings beim Speisen allein sein; keinesweges aber habe ich
gesagt, daß auch nach dem Diner Niemand kommen dürfe!"

„Madonna....!"

„Schweige!" — herrschte die Bernasconi, — „deine Albernheiten bringen mich noch um's Leben."

Jetzt entstand eine kleine Pause, in welcher Signora durch eine heftige und ungeduldige Bewegung ihrer schönen Schultern das Spitzengewand etwas weiter vom Nacken gleiten ließ.

„Oeffne die Jalousien und die Fenster!" — rief sie dann, — „es ist unausstehlich heiß im Zimmer!"

Arabella that es; kaum aber war es geschehen, als Signora plötzlich in die Höhe fuhr, ihr feines, gesticktes Taschentuch rasch über die Achseln warf und mit zorniger Stimme rief:

„Warum denn alle? das zieht ja furchtbar. Ich werde meine Stimme verlieren!"

„Aber Signora!" —

„O! sie bringt mich um!" — rief jene weiter und die Augen schossen Blitze des Zornes: — „Die Fenster auf! die Jalousien zu!"

Auch dies geschah und eine abermalige Pause trat ein. Nach einigen Minuten, in welchen sich die Aufwallung der schönen Italienerin etwas gelegt haben mochte, hub sie von neuem an:

„Ist mein Oheim, der alte Narr von Philosoph zu Hause?"

„Ohne Zweifel!" — entgegnete Arabella, — „er verläßt ja fast nie sein Zimmer."

„So gehe und sage ihm, ich wolle ihn sprechen."

Arabella ging; doch noch ehe sie die Thüre des Ge=
maches erreicht, rief ihre Gebieterin: — „Nein, gehe lieber
nicht, Arabella! . . . . er ist ein solcher Weiberfeind, daß
er dich gar nicht in seine Zimmer lassen wird. Beauf=
trage lieber Stephano, ihn zu rufen."

Die Zofe verneigte sich und ging.

„Ja, ja!" — flüsterte jetzt Signora Bernasconi
vor sich hin, und ein spöttisches Lächeln spielte um ihren
Mund — „er soll kommen und mir die Langeweile ver=
treiben. Für was füttere ich ihn denn sonst? — Könige
und Kaiser hielten sich Zwerge als Hofnarren, warum soll
die Bernasconi nicht einen Philosophen als Hofnarr
halten? Es ist allerdings eine Sonderbarkeit von mir;
aber ich liebe die Sonderbarkeiten!"

Sie schwieg. Nach einer kleinen Weile aber sagte sie:

„Und an welcher Seite werde ich ihn am besten packen?
. . . . An welcher? o! — er ist ja ein fürchterlicher Weiber=
feind und sicher auf diesem Gebiete am komischsten!"

Die Sängerin entwarf nun, auf dem Divan ausge=
streckt, mit heiteren Mienen einen Feldzugsplan.

Aber welch' wundervolles Bild hätte diese königliche,
jetzt so leicht hingegossene Gestalt einem Maler gegeben;
zumal das dichte schwarze Haar sich losgewunden, und nun
in vollen dunklen Locken auf Hals und Schultern hernie=
derfloß.

Oder war es eine kleine Bosheit von Signora, dem
„Weiberfeind" einen so entzückenden Anblick zu gönnen?

— oder dachte sie ihn vielleicht damit zu verwirren? — oder gar zu ärgern?

Er trat ein. Es war eine kleine unansehnliche Gestalt, mit häßlichen und mehr noch grämlichen Zügen. Struppiges weißes Haar deckte den Kopf, eine vernachläßigte Kleidung den Körper. Jeder, der nur einigermaßen Menschenkenner war, sah auf den ersten Blick, daß Menschenverachtung diese Seele zum Sonderlinge gemacht; und wer es nicht sah, der konnte es aus dem ewigen halblauten Selbstgespräche entziffern, das der alte Mann in polterndem, zürnendem Tone mit sich selbst führte.

„Wird wieder was Rechtes sein!" — brummte er, finstere Falten auf der Stirne, schon beim Eintreten vor sich hin. — „Albernheiten, Kindereien! und damit stört man mich im Studium!"

Die Bernasconi that, als ob sie nichts gehört habe; denn sie wollte sich erst an des Oheims Selbstgespräch divertiren, und da sie auf dem Divan lag, sah sie der zerstreute Mann gar nicht.

„Nicht einmal da!" — brummte er weiter, — „dummer Zeitverlust! .... hat freilich nichts zu thun, als Triller zu schlagen .... schöne Bestimmung! das Triller schlagen, — für sein ganzes Leben Triller, Roulaben .... o Weiber! Weiber!"

Jetzt blieb der alte Herr vor einem Tischchen stehen, welches die Signora erst vor wenigen Tagen als Geschenk des Prinzen Francavilla erhalten hatte. Es war von außerordentlichem Werthe; nach den Auffindungen in Pompeji gearbeitet und mit antiker Mosaik eingelegt.

„Hm!" — brummte der Alte jetzt, — „schön, ... wirklich schön ... gehört aber nicht hieher .... wird hier zu Weiberland ... verstehen nichts von Kunst und Wissenschaft! — — da! da! da!" — rief er zugleich, einige Bänder und Spitzen, die auf dem Tischchen lagen, mit seinen Händen herunterstreifend und auf den Boden werfend. — „Herrlichste Mosaik von der Welt, das .... und die verdeckt man mit solchem Plunder! .... o! .... o!"

Aber jetzt gewahrte er die Signora, die ihn lachend begrüßte, und fuhr erschrocken zurück; — nicht über das, was er gethan und gesprochen, denn das wußte er schon nicht mehr, aber über die Pracht der Erscheinung, die ihn zugleich verwirrte und ärgerte. Die Bernasconi ergötzte sich an seiner Verwirrung, dann sagte sie spöttelnd:

„Also immer ein solcher Weiberfeind, Oheim?"

Der Alte wollte sich entschuldigen, aber die Sängerin rief:

„Kein Wort! ich habe alles gehört: schöne Bestimmung Triller zu schlagen .... verstehen nichts von Kunst und Wissenschaft ....."

„Lassen Sie das, lassen Sie das!" — bat der alte grämliche Herr, — „ich streite nicht gern mit Ihnen über diesen Gegenstand .... ja, wenn Sie ein Mann wären! .. aber .... Sagen Sie mir lieber, warum Sie mich rufen ließen!"

„Das nachher!" — versetzte die Signora — „jetzt

muß ich erst die Ehre meines Geschlechtes verfechten. Was
würdet Ihr Männer denn ohne uns sein?"

„Was?" — rief der Philosoph, und seine Augen
strahlten bei dem Gedanken freudig auf. — „Was wir sein
würden? glücklich, unendlich glücklich würden wir sein!"

„So?" — sagte die Bernasconi, und der Ausdruck
ihrer Stimme trug den Stempel des Spottes: — „Ich will
es Ihnen besser sagen, Oheim. Ohne die Frauen,
wäre der Anfang Eures Lebens der zärtlichsten
Sorgfalt, der Verlauf desselben der schönsten
Freuden und das Ende der süßen Tröstung beraubt."

„Mit nichten!" — rief der Alte. — „Gerade im Gegentheil; die Mütter verziehen und die Weiber verderben
unser Geschlecht! Schon der Anblick der weiblichen Gestalt
lehrt, daß das Weib weder zu großen geistigen, noch körperlichen Arbeiten bestimmt ist. Es trägt die Schuld des
Lebens nicht durch Thun, sondern durch Leiden ab: durch
die Wehen der Geburt...."

„Und die Unterwürfigkeit unter den Mann, nicht
wahr?" — frug lachend die Sängerin.

„Auch!" — sagte der alte Herr eifrig, — „dem es
eine geduldige und aufheiternde Gefährtin sein soll,
obwohl fast nie ist."

„Und die Erziehung?"

„Ja!... die Erziehung!" — versetzte der Oheim mit
dem Kopfe nickend und im Zimmer hin und her trippelnd.
— „Zu Pflegerinnen und Erzieherinnen eignen sich die

Weiber allerdings gerade dadurch), daß sie selbst kindisch, läppisch und kurzsichtig, mit einem Worte, zeitlebens große Kinder sind."

„O ja!" — rief die Sängerin heiter — „bei vielen mögen Sie recht haben, Oheim. Aber haben Sie auch die Männer schon gezählt, die Zeitlebens Kinder bleiben?"

„Die zählen nicht!" — rief der Philosoph ernst — „sind Ausnahmen, und die Natur hat solche für alle Regeln."

„Und denken Sie von uns Mädchen auch so schlimm?"

Der Alte wollte nicht herausrücken.

„Nur offen!" — sagte die Signora.

Der Philosoph strich mit der Hand über den grauen Kopf, dann sagte er:

„Mit den Mädchen hat es die Natur auf Das, was man einen Knalleffect nennt, abgesehen!"

„Göttlich!" — rief die Bernasconi. — „Ich bin also auch ein Knalleffect! der Knalleffect Bernasconi!" — und sie lachte von Herzen; dann rief sie — „Aber himmlischer Oheim, erklären Sie mir doch, wie so wir Mädchen Knalleffecte der Natur sind?"

„Indem sie die Natur auf wenige Jahre mit überreichlicher Schönheit, Reiz und Fülle ausstattet . . . . ."

„Ei, wie galant!" —

„Ausstattet . . . . ja — aber auf Kosten ihrer ganzen übrigen Lebenszeit; damit sie nämlich, während jener kurzen Jahre der Phantasie eines Mannes sich in dem Maaße bemächtigen können, daß er hingerissen wird, die Sorge für sie auf Zeitlebens ehrlich zu übernehmen, zu welchem wahnsinnigen Schritte ihn die ruhige Vernunft schwerlich bringen würde."

„Meinen Sie? und was wäre alsdann die Ehe?"

„Hm!" — brummte der Gefragte. — „In unserem monogamischen Welttheile heißt heirathen: seine Rechte halbiren und seine Pflichten verdoppeln!"

„Vortrefflich!" — rief die Bernasconi halb aufgerichtet. — „Oheim, für diesen Ausspruch verdienen Sie eine großartige Belohnung. Sie sind ein zweiter Platon. Heirathen heißt: seine Rechte halbiren und seine Pflichten verdoppeln. Sehen Sie deshalb heirathe ich auch nicht."

Der Alte schüttelte den Kopf, als wolle er anzeigen, daß er nicht recht verstanden worden sei; die reizende Nichte ließ ihm aber keine Zeit zum antworten, sondern fuhr eifrig fort:

„Und was Schönheit, Reiz und Anmuth betrifft, da haben Sie auch recht. Dadurch hat die Natur das Weib, wie jedes andere ihrer Geschöpfe, mit den Waffen und Werkzeugen ausgerüstet, deren es zur Sicherung seines Daseins bedarf."

„Wohl, wohl!" — brummte der Grämliche. — „Wobei die Natur denn auch mit ihrer gewöhnlichen Sparsamkeit verfahren ist. Wie nämlich die weibliche Ameise, nach der Begattung, die fortan überflüssigen, ja für das Brutverhältniß gefährlichen Flügel verliert; so das Weib nach kurzen Flitterjahren seine Schönheit. Zweifelsohne sogar

aus demselben Grunde. Es soll dann nicht mehr nach
Außen gefallen, es soll im Hause erziehen!"

„Schrecklicher Gedanke!" — meinte die Sängerin.

„Nein!" — rief der Alte hier fast hitzig. — „Schreck=
lich ist nur, daß so Viele diesen Gedanken für schrecklich
halten! Daher kommt es denn auch, daß die meisten jun=
gen Mädchen die häuslichen und weiblichen Pflichten in
ihrem Herzen als Nebensache betrachten, wohl gar für
bloßen Spaß."

„Und was betrachten sie denn als ihren ernstlichen
Beruf?"

„Was?" — wiederholte der Alte mit einem scharfen
Blick auf die Fragende. — „Die Eroberungen . . . . und
was damit in Verbindung steht, Toilette, Putz, Pracht,
Luxus, Verschwendung!"

Der Eifer des Philosophen ward bei dieser Philippica
so komisch, daß die Bernasconi ihr Taschentuch vor den
Mund drückte, um nicht überlaut zu lachen. Endlich
sagte sie:

„Also sind wir Weiber in Ihren Augen, Oheim, gar
nichts werth!"

„Wenigstens nicht viel!" — rief dieser grämlich.

„Das ist doch offen!" — meinte die schöne Nichte. —
„Aber so viel ich weiß, pflegen Philosophen nichts ohne
Beweis zu behaupten. Wollen Sie den nicht zum Besten
geben?"

„Unseliger Zeitverlust!" — rief der Alte, sich durch
die schneeweißen Haare fahrend.

„Den Beweis, daß wir Weiber weniger werth sind, als ihr Männer!"

„Gut denn!" — sagte der Alte. — „Je edler und vollkommener eine Sache ist, desto später und langsamer gelangt sie zur Reife. Dies ist ausgemacht und Grundsatz der Natur. Nun . . . . was bedarf es weiteren Beweises? Der Mann erlangt die Reife seiner Vernunft und Geisteskräfte kaum vor dem achtundzwanzigsten Jahre; das Weib mit dem sechszehnten, achtzehnten."

„Oheim, Oheim!" — rief die Bernasconi mit dem Finger drohend — „da haben Sie schlecht docirt. Bis Euch Männern die Vernunft kommt, braucht es dreißig Jahre, — uns schenkt sie Gott, als der Spitze der Schöpfung, schon im vierzehnten Jahre!"

„Aber es ist auch eine Vernunft darnach!" — sagte der Alte achselzuckend. — „Sie ist noch so unreif, so knapp zugemessen, daß man immer nur das Nächste sieht, an der Gegenwart klebt, den Schein für die Sache nimmt, die kleinsten Kleinigkeiten den wichtigsten Angelegenheiten vorzieht!"

„Und" — rief die Bernasconi lebhaft — „statt wie die Männer über das Abwesende, Vergangene und Künftige, über Pläne und Hoffnungen, Ehrgeiz und Ruhmsucht die Gegenwart zu vergessen, bei dem Nächsten und Wichtigsten bleibt. Das Weib, Herr Philosoph, geht in der Gegenwart auf; darum aber genießt es auch dieselbe doppelt und gewinnt sich jene Lebensheiterkeit, die Euch Herren der Schöpfung zumeist fehlt."

„Genießt! genießt!" — seufzte der Philosoph, den Blick verzweiflungsvoll nach der Decke des Zimmers sendend und sein dünnes weißes Haar mit beiden Händen unbarmherzig bearbeitend. — „Das ist es eben ..... der Genuß ist das Einzige, nach was sie streben! .... und .... was meine schöne Nichte „Lebensheiterkeit" zu nennen beliebt, das heißt in Wahrheit „Leichtsinn!" Weil sie aber nicht die Thatkraft und den Verstand haben, sich einen soliden Lebensgenuß zu erwirken, zu erarbeiten, selbstständig zu schaffen, oder auch sich zu vertheidigen, so begab sie die Natur mit „List" .... mit diesem Fluch für uns Männer! .... mit jener instinktartigen Verschlagenheit, die uns ehrliche Seelen unter die Erde bringen kann! .... mit jenem unvertilgbaren Hang zur Intrigue, die einem das Leben sauer macht."

Die Bernasconi schüttelte sich vor Lachen, dann sagte sie:

„Ein Beweis, wie gerecht die Natur ist. Der Löwe hat seine Klauen und sein Gebiß, der Elephant seine Stoßzähne, die arme kleine Sepia des Meeres ihre wassertrübende Tinte um sich zu schützen und zu vertheidigen, und wir armen Weiber sollten euch Männern, euch wilden und oft rohen Barbaren, euch, als den gefährlichsten Raubthieren, ohne schützende Waffen preisgegeben sein? — Nein, Oheim, daran, daß uns der Himmel mit List bewaffnet hat, daran erkenne ich erst wieder Gottes Güte und Gerechtigkeit!"

„Ja!" — rief der Alte eifrig — „und von diesen Waf-

fen . . . . von dieser Begabung mit „List" und „Verstel=
lung" macht ihr den umfassendsten Gebrauch."

„Und noch mehr!" — sagte die Bernasconi mit fei=
nem Lächeln. — „Vermöge dieser unschätzbaren Begabung
durchschauen wir Weiber fremde Verstellung so leicht,
daß es für euch Männer nie rathsam ist, uns gegenüber, es
damit zu versuchen."

„Weil wir zu gerade, zu offen, zu ehrlich sind!" — pol=
terte der Grämliche. — „Aber . . . ." unterbrach er sich
hier und blieb vor seiner Nichte stehen — „ich bitte Sie,
Signora, endigen wir dies unnöthige Gespräch. Es fruch=
tet doch nichts. Warum ließen Sie mich rufen? Womit
kann ich dienen?"

„Sogleich!" — entgegnete die Angeredete. — „Wir
haben indessen noch nicht vollkommen mit einander abge=
rechnet. Warum verstehen wir nichts von Kunst und
Wissenschaft?"

, „Signora!"

„Antwort, Oheim! Sie brummten dies Anathema
über das zarte Geschlecht, als sie eintraten!"

„Ich meinte Sie nicht damit."

„Das weiß ich, denn ich heiße Bernasconi, und
ganz Italien liegt mir, als seiner ersten Künstlerin —
hören Sie, Oheim . . . . als seiner ersten Künstlerin — zu
Füßen!"

„Sie sind eine glorreiche Ausnahme!" — stotterte der
Philosoph verlegen. — „Ich sprach vorhin von dem weib=
lichen Geschlecht im Allgemeinen."

„Nun! — und die Belege für Ihr Anathem?"

„Nun denn!" — rief der Alte mißmuthig: — „Ich wiederhole es: weder für Musik, noch für Poesie, noch für die bildenden Künste hat das weibliche Geschlecht im Allgemeinen wirklich und wahrhaftig Sinn und Empfänglichkeit; — sondern bloße Aefferei, zum Behufe ihrer Gefallsucht, ist es, wenn sie solche affektiren und vorgeben!"

„Bei den meisten haben Sie recht, Oheim!" — sagte die Sängerin.

„Dies wird Jeder" — fuhr der Alte mit gesteigertem Eifer fort — „der über den Schein hinaus ist, schon bemerkt haben. Man darf nur die Richtung und Art ihrer Aufmerksamkeit im Concert, in der Oper, und im Schauspiel, bei der Betrachtung der erhabenen Werke der Natur und der plastischen Künste in's Auge fassen. Wer wird nicht des Teufels, wenn sie unter der herrlichsten Musik ihr nichtssagendes Geplapper fortsetzen, als wären sie zu Hause. Die Griechen ließen die Weiber nie in's Schauspiel . . . . und daran thaten sie recht . . . . denn sie hörten alsdann auch etwas. Aber: „was kann von Nazareth Gutes kommen!" . . . . Man kann von den Weibern nichts Anderes erwarten, wenn man erwägt, daß die eminentesten Köpfe des ganzen Geschlechtes es nie zu einer einzigen, wirklich großen, ächten und originellen Leistung in den schönen Künsten haben bringen, überhaupt nie irgend ein Werk von bleibendem Werth haben in die Welt setzen können. Diesem entspricht es denn auch, daß die gewöhnlichen nicht

einmal eigentliche Empfänglichkeit dafür haben, denn: na-
tura non facit saltus! —"

„So?" — sagte die Bernasconi — „und das sagen
Sie mir, Oheim!"

„Ja!" — versetzte dieser — „aber ich habe schon bemerkt, daß ich Sie für eine Ausnahme ansehe; bleibe indessen dabei: Ausnahmen ändern die Sache nicht."

In diesem Augenblick trat Arabella ein und meldete
„Maestro Caraffa!"

„Soll warten!" — entgegnete die Bernasconi hart
und mit finsteren Mienen.

Das Kammermädchen entfernte sich.

„Nun!" — nahm der Philosoph wieder das Wort —
„nun darf ich doch wohl bitten, mir Ihre Wünsche auszu-
sprechen."

Die Sängerin lachte; dann sagte sie: — „Die hat mein
Oheim schon erfüllt, ohne daß er es wußte."

'„Wie?" — rief jener und seine Hände fuhren wieder
durch die Haare. — „So hätten Sie mich zum Besten gehabt? Ich war nur eine Puppe, Ihnen die Langeweile zu
vertreiben?"

„Nicht doch, Oheim!" — entgegnete die Sängerin mit
spöttischem Lächeln. — „Wer wird so klein von dem starken Geschlechte denken. Hätte ich dies auch thun wollen,
Sie würden die List des schwachen Weibes gewiß gleich
durchschaut haben."

Der Philosoph machte eine Miene als ob er Essig ge-
trunken.

„Ich war ein Esel!" — brummte er dann vor sich hin —
„ein Esel, der sich wieder täuschen ließ .... den Narren
hab' ich gemacht ...."

„Nein, mein Bester!" — versetzte die Signora freund=
lich, und jetzt war ihr Lächeln wahrhaft bezaubernd. —
„Sie haben mir einen unschätzbaren Dienst geleistet, indem
Sie mich zu der Wahrheit führten: „Heirathen heißt,
seine Rechte halbiren und seine Pflichten verdop=
peln." Dieser Dienst aber, den Sie gar nicht in seiner
ganzen Größe kennen, verdient Belohnung. Nun denn,
Oheim, ich weiß Sie sind ein Liebhaber von alten Mo=
saiken: ich schenke Ihnen das Tischchen, das Ihnen vorhin so
gut gefiel."

„Signora!" — rief der Alte — „es ist unmöglich, das
Tischchen ist von enormen Werth!"

„Wenn es für Sie und Ihre Sammlungen Werth hat,
dann freut es mich!" — versetzte jene stolz, — „einen an=
deren Werth kennt eine Bernasconi nicht. Stephano
soll es Ihnen bringen!"

Und sie nickte dem alten Herrn den Abschied zu, der
sich mit leuchtenden Blicken dem Tischchen näherte, und —
als er sah, das seine Nichte es nicht gewahre — es in eige=
ner Person, wie eine Mutter ihr Kind, in die Arme nahm
und forttrug.

Die Bernasconi hatte unterdessen ihr Haupt wie
erschöpft in die Kissen des Divans sinken lassen. Das
Gespräch mit dem Oheim war nicht nur erheiternd und
zerstreuend für sie gewesen — nein! es hatte sonderbarer=

weise eine viel tiefere Bedeutung für sie gewonnen. Sie versank daher in Gedanken und blieb so regungslos über eine halbe Stunde liegen, während ihre Lippen von Zeit zu Zeit die Worte: „Heirathen heißt: seine Rechte halbiren und seine Pflichten verdoppeln!" ernsthaft und bedeutsam flüsterten.

An Maestro Caraffa, der im Vorzimmer in stiller Verzweiflung harrte, dachte die Sängerin nicht mehr.

Und doch war der junge Componist, Maestro Caraffa aus einer der ersten neapolitanischen Familien, die selbst den großen Cardinal Anton Caraffa — unter Papst Gregor XIII. Bibliothekar der vaticanischen Bibliothek — zu ihren Ahnen zählte. Der junge, schöne und sehr fein gebildete Mann hatte sich der Musik gewidmet und in der letzten Zeit eine Oper „Thisiphone," für das Theater zu Neapel geschrieben. Die Bernasconi sollte in ihr als Prima-Donna singen, und für ihre Person und ihre Stimme war — wie dies in jener Zeit üblich — die Hauptpartie eingerichtet und gesetzt, so daß die ganze Oper von ihr abhing und mit ihr siegen oder fallen mußte.

Unglücklicherweise aber hatte es der junge Caraffa nicht verstanden, die Gunst der stolzen Bernasconi zu gewinnen. Im heiligen Eifer für sein Erstlingswerk war ihm nämlich auf der Probe, die Bitte entschlüpft: die Signora möge doch bei einer gewissen Arie, sich mehr an seine Composition halten. Das war ein unerhörter Frevel gegen eine Primadonna von Ruf, den auch ein furchtbarer,

vernichtender Blick der Sängerin strafte, und sonderbarer=
weise war die Bernasconi von diesem Augenblicke an
unausgesetzt heißer, wenn eine Probe der „Thisiphone"
stattfinden sollte, und wenn sie auch den Abend zuvor zum
Entzücken ganz Neapels in Jomelli's „Caja Mario"
wie eine Nachtigall gesungen hatte.

Monate lang ging dies nun schon so fort, die „Thisi=
phone" war völlig einstudirt, der König hatte ihre Auf=
führung an seinem Namensfeste, welches in drei Tagen
stattfinden sollte, befohlen: Signora Bernasconie
war durch Heißerkeit noch immer verhindert, die Zeit für
eine Hauptprobe zu bestimmen. Der junge Caraffa hatte
sie bereits schon mehr denn einmal fast fußfällig angefleht,
seine ganze künstlerische Zukunft nicht zu vernichten . . . . .
umsonst — die unselige und eigensinnige Heißerkeit wollte
nicht weichen; — — er hatte der Signora die kostbarsten
und herrlichsten Geschenke gesandt, ... die unbestechliche
Primadonna sandte sie kalt zurück.

Jetzt waren noch drei Tage bis zum Namensfeste des
Königs, und Caraffa — der unter der Zeit vor Aerger
und Verzweiflung blaß und schmal geworden, so daß ihn
seine Freunde fast nicht mehr kannten, — wartete nun
bereits dreiviertel Stunden in dem Vorzimmer der Prima=
donna, um einen letzten Versuch zu wagen.

Da erklang die silberne Schelle der erlauchten Signora.
Caraffa fuhr erfreut auf, und die Zofe, die längst Mit=
leiden für den armen hübschen jungen Mann empfunden
und schon manches Goldstück für Anmeldungen und Ver=

tretung seiner Interessen — obgleich vergeblich — empfangen, eilte hinein.

„Signora befehlen?" — sagte sie mit tiefer Verneigung.

„Gib mir jenes niedliche Blumenbouquet aus der kleinen chinesischen Vase!"

„Dasjenige, was Ihnen heute früh Prinz Bocatelli übersandte?"

„Dasselbe!"

Arabella gehorchte. Die Signora betrachtete es mit Wohlgefallen, denn es war aus den schönsten und seltensten Blumen mit unübertrefflicher Zierlichkeit gebunden, und bezeugte, als Geschenk des Prinzen, dessen hohe Verehrung und zarte Aufmerksamkeit.

„Und doch" — sagte sie dann leise mit stolzem Lächeln — „wirst du dem Prinzen nicht das gewünschte Zeichen geben. Er mag mir immer den Tribut seiner Verehrung zollen, das kann ich als Künstlerin von ihm fordern; aber auf mehr, als ein freundliches Wort, rechne er nicht. Dagegen sollst du einem Anderen einen um so schlimmeren Streich spielen."

Sie schwieg einen Augenblick, dann rief sie auf's neue:

„Arabella! . . . Tinte, Papier und Feder!"

Aber Arabella gehorchte diesmal nicht sofort:

„Meine Gnädigste" — sagte sie schüchtern — „darf ich Sie daran erinnern, daß Signor Caraffa schon über dreiviertel Stunden im Vorzimmer wartet?"

Aber welchen Sturm, welches Wetterleuchten kündete

jetzt die hohe Stirne, die zornflammenden Blicke der Bernasconi.

„Unverschämte!" — rief sie dem armen zitternden Mädchen mit einer Stimme entgegen, die die Wände beben machte, — „wie kannst du es wagen, mir vorzuschreiben, was ich thun soll? — Wie kannst du mir diesen verhaßten Namen nennen? . . . . Ich weiß, daß dich der Elende be= stochen und darum . . . . ."

„Gnädigste . . . ." — stammelte Arabella.

„Schweige!" — herrschte ihr die Gebieterin entgegen, während ihre Hand im vollsten Zorne die silberne Schelle krampfhaft erfaßte und nach dem Kopf der Zofe schleu= derte, die sich nur durch ein schnelles Beugen nach der Seite zu retten vermochte. — „Noch ein einziges Wort des Ungehorsams, und du bist entlassen! . . . . Mein Schreib= zeug!"

Das arme Mädchen, dem solche Auftritte nicht fremd waren, ging schweigend hin, das Verlangte herbeizuholen.

„Setze dich, nimm einen schmalen Streifen Papier und schreibe!" — herrschte die Signora weiter.

„Ich bin bereit."

„Heirathen heißt: seine Rechte halbiren und seine Pflichten verdoppeln!" — dictirte die Bernas= coni. — „Beides widerstreitet meiner Seele. Ich bin daher fest entschlossen, die Gefühle meines Herzens meiner Freiheit zu opfern."

„Zu opfern!" — wiederholte Arabella.

„Gut!" — sagte die Primadonna. — „Jetzt nimm

das Papier und verbirg es vorsichtig aber sicher in dem Bouquet des Prinzen Bocatelli; läßt sich dann Marchese Brignola melden, so sagst du ihm: deine Herrin sei ausgefahren, habe aber dies Bouquet für ihn mit den Worten hinterlassen: „Auch Blumen sprechen!"

Sie lachte bei diesen Worten laut auf, dann fuhr sie, mit sich selbst redend, fort:

„Der arme Marchese! Er wird in Verzweiflung sein. . . . . Es ist wahr, er ist schön, jung . . . . . sehr reich und angesehen . . . . aber meine Freiheit, mein Ruf, meine Herrschaft! . . . . und dann, „Heirathen heißt: seine Rechte halbiren und seine Pflichten verdoppeln!" — Nein! nein! nein! ich heirathe nicht. O Oheim, welch einen Schatz der Weisheit hab' ich deiner Narrheit zu verdanken. Der Bernasconi gehört Italien, die Welt! . . . . Der Bernasconi liegen Könige und Fürsten zu Füßen, ihr huldigen Prinzen und Cardinäle, Künstler und Priester, ihr jauchzt das Volk entgegen und überdeckt sie mit Lorbeeren — — — die Marchese Brignola wäre ein gewöhnliches Weib!"

Und abermals versank sie in ein tiefes Nachdenken — und abermals verging eine halbe Stunde. Nach Ablauf dieser Zeit endlich ertönte die silberne Glocke aufs neue. Arabella erschien.

„Ist der Maestro noch im Vorzimmer?" — frug die Sängerin.

„Ja!" — entgegnete die Zofe schüchtern.

„Und was macht er?"

„Ach, Signora," — versetzte Arabella mit feuchten
Augen — „ich fürchte . . . . ."

„Daß er den Verstand verliert?"

„In der That."

„Da kannst du dein empfindsames Herz beruhigen:
wer keinen Verstand hat, kann auch keinen verlieren.
Uebrigens mag er jetzt eintreten, ich habe seine Arroganz
geziemend bestraft."

Arabella athmete freudig auf; sie hatte kein weiteres
Interesse, als das der Menschlichkeit, an Caraffa, aber
die Qualen, die der junge strebsame, in seiner ganzen künst=
lerischen Existenz bedrohte Mann seit Monaten durch den
Künstlerstolz und die Launen ihrer Herrin erlitten, und
die ihn augenscheinlich körperlich und geistig in so kurzer
Zeit fast zerrüttet hatten, fielen auf ihr eigenes Herz
zurück.

Und jetzt trat er ein, der junge bleiche Mann, mit den
feinen Zügen, dem schwarzen Haare und den dunkeln, in
sich verglühenden Augen. Schmerz, Scham, Zorn, Ver=
zweiflung und Rache tobten und kochten in ihm, — ja sie
machten ihn fast unfähig Worte der Begrüßung zu finden.

Signora Bernasconi dagegen lag noch immer
nachlässig auf dem Divan hingegossen. Sie hatte es auch
nicht Mühe der werth geachtet, den Spitzenbesatz ihres
reichen und reizenden Neglige's wieder über die Schultern
heraufzuziehen oder ihre dunkeln Locken zu ordnen, noch
weniger aber: sich wegen des langen Zögerns zu entschul=
digen.

„Maestro Caraffa!" — sagte sie jetzt ganz gelassen, und als ob gar nichts vorgefallen sei — wobei sie indessen ihre Stimme, Heiserkeit affectirend, dämpfte, — „Maestro Caraffa, Sie hören es wohl, daß ich noch immer heiser bin; doch geht es etwas besser."

Caraffa biß sich auf die Lippen, daß sie beinahe bluteten; dann sagte er, mit einem leisen Anflug von Zorn und Hohn:

„Ich bin glücklich, Signora, wenigstens etwas von Besserung zu hören; aber trösten kann mich dies nicht. In drei Tagen ist das Namensfest des Königs, der für diesen Abend — wie Sie wissen — die erste Aufführung der „Thisiphone" befohlen hat, und Sie wollten noch immer nicht die Gewogenheit haben, eine vollständige große Probe anzusetzen."

„Ich wollte nicht!" — wiederholte die Primadonna mit einem finsteren Blick.

„Sie konnten nicht!" — verbesserte der junge Componist mit vor Ingrimm zitternder Stimme.

„Das kommt daher!" — sagte die Sängerin, — „weil Sie Ihre Arien für mich ungeschickt geschrieben haben."

„Aber mein Gott!" — rief Caraffa, — „sie gefielen Ihnen anfangs ja so ungemein?"

„Ich lernte erst später ihre Schwächen kennen. Sie greifen zu sehr an."

„So will ich daran ändern."

„Dann verlieren sie an Interesse."

„Liegen sie Ihnen zu hoch?"

„Was glauben Sie? Es gibt keine Sängerin in Ita=
lien, die wie die Bernasconi eine ganze Octave über den
gewöhnlichen Umfang des Soprans geht. Nicht die
Bastardella erreicht mich!"

„Signora, das weiß die ganze Welt!" — versetzte
Caraffa begütigend, — „und ihre höchsten Töne klingen
gleich einer Orgel weich und lieblich. Man nennt Sie
nicht umsonst: Italiens Nachtigall!"

Die Bernasconi lächelte.

„Aber," — sagte sie dann, — „diese Nachtigall wird sich
eben doch in keiner Probe der „Thisiphone" hören
lassen."

„Was sagen Sie?" — rief entsetzt der junge Mann
und alles Blut war nach seinem Herzen zurückgewichen.

„Daß ich in keiner Probe der „Thisiphone" singe."

„Aber dann bin ich verloren!"

„Keineswegs! Ist die Oper vollkommen einstudirt?"

„Vollkommen."

„So mag die Aufführung am Namenstage des Königs
stattfinden."

„Ohne Probe mit der Primadonna"

„Signore!" — rief hier die Sängerin stolz und ver=
ächtlich, — „eine Bernasconi bedarf keiner Probe."

„Aber der Director wird es nicht wagen?!"

„Dann mag er es lassen! — Es ist mein letztes Wort.
Seiner Majestät gefällig zu sein, will ich Ihre holprigten
Arien übermorgen singen, — nicht Ihnen zu gefallen.
Aber auf eine Probe komme ich nicht."

„Signora!" — rief jetzt Caraffa schmerzlich; aber in demselben Augenblicke trat Arabella ein und meldete den Marchese Brignola.

„Das Bouquet!" — rief die Sängerin, — „und dann Toilette machen!"

Und mit diesen Worten erhob sie sich, kehrte stolz dem in Verzweiflung dastehenden Maestro den Rücken und verschwand in der Thüre des anstoßenden Zimmers.

Caraffa ging. Aber Blitze der Rache folgten dem stolzen Weibe. — —

Nach anderthalb Stunden — das heißt nach einem ebensolangen Zeitraume unausgesetzter Folterqualen für Arabella — war die Toilette der Signora vollendet, und dieselbe erschien nun in dem prachtvoll möblirten Empfangs= saale, in welchem sich bereits die Prinzen Francavilla und Bocatelli, der Marchese di Castello, Salva= tore, der damals beliebteste Dichter Neapels, Jomelli und die beiden Mozarts befanden.

Aber wie ganz anders erschien Signora Bernas= coni jetzt!

Das glücklichste und anmuthigste Lächeln verklärte ihr schönes Antlitz; der geschmackvolle, einer Fürstin würdige Anzug hob noch die schlanke imponirende Gestalt und die Freundlichkeit und Liebenswürdigkeit ihres Benehmens waren so hinreißend, daß es Amadeus — der doch ge= wöhnlich ziemlich kalt bei Vorstellungen blieb — wirklich Ernst war, als er sie „die charmanteste Dame" nannte, die er je gesehen.

Die Primadonna war denn auch für dies Compliment
nicht unempfänglich, wurde aber noch mehr für die beiden
Mozarts eingenommen, als ihr der kluge Capellmeister
versicherte, daß sich die Bastardella in der That so
wenig als die Amicis mit ihr vergleichen könnten. Ueberhaupt schmeichelte ihr der kluge Mann, ohne sich etwas zu
vergeben; hing doch von ihr der Erfolg der Oper ab, welche
Wolfgang für Mailand schreiben sollte. Es war „Mithridate Re di Ponto.“ Jedermann aber kannte das
Schicksal des unglücklichen Caraffa, der sich durch ein
einziges unvorsichtiges Wort die vernichtende Ungnade der
alles beherrschenden Primadonna zugezogen hatte.

Außerdem hatte übrigens die Bernasconi Amadeus schon bei der Gräfin Kaunitz gehört und auf-
richtig bewundert, wie sie denn auch jetzt sein Lob auf das
beredtste und freundlichste aussprach.

Sie war mit einem Wort ein Engel an Güte und
Lieblichkeit, und die beiden Deutschen wunderte es gar
nicht, als ihr der Prinz Francavilla mit den Ausdrücken
der unbegränztesten Hochachtung ein Geschmeide von wahrhaft fürstlichem Werth überreichte. Auch Salvatore
war nicht mit leeren Händen gekommen, denn er brachte
ein — nach italienischer Art abgefaßtes pompöses Gedicht
auf den „Stern des Tages,“ das heute im neuesten Blatte
erschienen war und die Bernasconi in den Himmel
erhob.

Nur der Prinz Bocatelli schien nicht ganz heiter;
suchte er doch sein reizendes Bouquet vergebens. Es war

nicht zu finden, weder an dem Busen seiner angebeteten Dame, noch auf einem Tische ihres Zimmers, noch in einer der vielen kostbaren Vasen und Väschen, die rings im Empfangsaale und den anstoßenden Zimmern standen.

Aber die Herrin des Hauses ließ in ihrer Heiterkeit Niemanden Zeit, sich mit sich selbst zu beschäftigen, und da Jomelli so klug gewesen, eine von Amadeus für sie componirte Bravour-Arie mitzubringen, so sang sie dieselbe jetzt mit solcher Fertigkeit und Pracht in Colo= ratur und Ausdruck, daß alle Anwesenden hingerissen und begeistert waren. Aber sie selbst fand auch die Com= position des jungen Maestro vortrefflich und drückte unverholen ihre Freude darüber aus, gegen Ende October mit Amadeus in Mailand zusammenzutreffen, wo dann „Mithridate Re di Ponto" componirt und einstudirt werden sollte.

Heute aber ließ sie die beiden Mozart's gar nicht mehr von sich. Sie mußten sie, zum Aerger des Prinzen Vocatelli, in ihrem prächtigen Wagen bei der Corso= Fahrt durch die Riviera di Chiaja begleiten. Vier Diener — der eine an der Seite des Kutschers auf dem Bocke — drei hinten auf dem Wagen, hielten Flambeaux, der Prinz Francavilla ritt an der Seite.

Die Nacht war herrlich und die Fahrt pompöse. Vier Wagenreihen fuhren neben einander, zwei der Riviera di Chiaja hinauf und zwei hinab. Und welche Masse Bou= quets regnete es in den Schooß der Donna. Und die Reiter, die heransprengten und um einen freundlichen Blick

der schönen Signora buhlten. Alles war Lust, Herrlich=
keit und Freude — und so ging es fort bis Mitter=
nacht.

Als Signora Bernasconi endlich an ihrem Hotel
ausgestiegen, und der Wagen nun umdrehte, die beiden
Mozarts ebenfalls nach Hause zu bringen und Amadeus
noch einmal zurückblickte, ... verschwand die herrliche
Gestalt der Italienerin am Arm des Prinzen Franca=
villa auf den blumenbestellten Treppen.

Leben und Tod.

―――――

Aber der schönen Nacht sollte eine noch schönere folgen. Signora Bernasconi hatte sich vorbehalten, ihren jungen Schützling Amadeus den kommenden Abend nach der berühmten, so unvergleichlich schönen Insel Ischia zu führen. Niemand sollte an dieser Partie Theil nehmen, als die Sängerin, die beiden Mozart's, Jomelli und der beständige Begleiter der Signora, der Prinz Francavilla, der dort eine herrliche Villa besaß.

Wolfgang freute sich königlich; denn wie die Bernasconi an ihm, so hatte er an ihr einen besonderen Wohlgefallen gefunden, und außerdem schon so viel von Ischia's Naturschönheiten gehört, daß er vor Ungeduld kaum die Zeit der Abfahrt erwarten konnte.

„Wenn die Sonne recht warm im Lenze auf die Erde

scheint — sagt eine geistreiche Frau*) in stillem Entzücken
über die Perlen des Golfes von Neapel, die Inseln Ischia
und Capri — dann schauen überall die Frühlings=
blumen hervor und drängen sich ans Licht, nun auch ihren
Theil an der behaglichen Wärme zu haben, um sich gleich=
falls des Daseins zu erfreuen. So tauchen aus dem tiefen
Azurblau des mittelländischen Meeres die einzelnen Inseln
empor, wie riesige Wasserblüthen in Duft und Farben
prangend, daß die Sinne kaum die Fülle üppiger Schön=
heit zu fassen vermögen.

Man muß Neapel verlassen und den Continent Ita=
liens, man muß auf die Inseln gehen, um zu wissen, was
der Süden ist; — um eine vollkommen fremde Existenz zu
begreifen, in der man fröhlich, ja selig leben könnte, selbst
ohne alle die Tausende von Bequemlichkeiten unserer Civi=
lisation!

Da liegen sie neben einander: Nisida, das Cap
Misene, Procida, die blaue Capri und das schöne
Ischia, Kinder jenes Moments, in dem Erde und Meer
sich im glühenden Feuer der Jugend begegneten und die
Erde die Flammenströme ihres innersten Lebens in die
bewegten Wellen des Meeres ergoß, das sie fest hielt und
erkalten machte. Und dies Feuerleben ist noch in den
Inseln wirksam: es glüht noch in den heißen Quellen, es
taucht noch auf in dem rauchenden Erdreich; es reift die
feurige Traube, es funkelt in den Augen des eingebornen

*) Fanny Lewald: in der Beschreibung ihrer Reise durch Italien.

Volkes und brennt in der Flammenblüthe des Cactus und Granatbaumes.

Ischia, die größte dieser Inseln, zeigt am meisten Spuren eines solchen vulkanischen Ursprungs; denn wenn man, von Neapel kommend, in dem zunächst gelegenen Städchen Ischia landet, so hat man einen bedeutenden Felsen von stumpfer Kegelgestalt vor sich, der vereinzelt im Meere ruht und nur aus Lava besteht. Er wird durch eine Brücke mit dem Lande verbunden, auf seinem Haupte aber trägt er stolz die Festung Ischia. Unten am Ufer liegt das Städchen gleichen Namens, darüber der alte Krater, der vor fünfhundert Jahren die Insel so oft und so furchtbar verwüstete, daß sie ganz von ihren Bewohnern verlassen und später durch Spanier und Griechen wieder bevölkert werden mußte, welche der König von Neapel durch große Privilegien auf das kleine Flammeneiland lockte.

Einen ganz eigenthümlichen Charakter erlangt diese Perle im Golfe von Neapel aber durch die Ruhe und den Frieden, der über ihren paradisischen Fluren liegt.

Wagen und Pferde kennt man hier nicht, ebenso wenig Heerden. Kein Brüllen, kein Pferdegewieher, kein Wagengerassel, kein Laufen und Rennen und Toben und Schreien wie in Neapel berührt hier das Ohr! In tiefem Schweigen liegen die Städchen Ischia, Casamicciola, Lecco und Foria da, und zwischen ihnen zerstreut die einzelnen Villen, hinter deren dichtbelaubten Gärten dann und wann eine kleine weiße Kirche hervor sieht. Jede Villa ist von ihren Weingärten umgeben, jeder Weingarten mit hohen Mauern eingeschlossen, ein für sich bestehendes Ganze.

Ernst und hoch sieht der einst flammende Epomeo, dessen zackiger Felsenrücken die Insel durchschneidet, herab auf das träumerische Stillleben zu seinen Füßen, und wahrlich! hier in dieser kleinen Welt könnte man den Wunsch begreifen, im einfachsten Naturgenuß, fern von allen Zerwürfnissen der großen Welt und der Gesellschaft, sich selbst zu leben in träumerischer Ruhe; — sich selbst und seinen Erinnerungen"·

Schon die Ueberfahrt in einer prächtigen, dem Prinzen Francavilla gehörenden Barke mit lustigem Baldachin, geführt durch acht zierlich gekleidete Ruderer, war bezaubernd.

Die Signora selbst sah wie eine Königin aus: so schön, so reich, so stolz und imposant! Francavilla und Amadeus saßen an ihrer Seite und lachten und scherzten, — ja alle drei waren übermüthig ausgelassen; denn die Bernasconi liebte es nicht, sich irgend welche Schranken zu setzen, weder in ihrem Stolz, in ihrer Laune, in ihrem Ehrgeize, noch in ihrem Haß, in ihrer Liebe, in ihrer Heiterkeit. Ein von der Natur, dem Schicksal und den Menschen verwöhntes und verzogenes Kind, that sie unbedingt alles, was ihr in den Sinn kam, und alles was sie that mit wildschäumender Leidenschaftlichkeit und ächt italienischer Gluth.

So erreichte man, fast ohne es zu gewahren, die Insel;

aber auch diese schien den Besuch auf festliche Weise empfangen zu wollen.

Schon am Ufer standen geputzte Menschen mit heiteren Gesichtern. Es wurde ein Kirchenfest gefeiert. Prozessionen zogen an blumengeschmückten Altären vorüber, die provisorisch im Freien errichtet worden waren, und wo sie sich zeigten, da knallten Freudenschüsse durch die Luft. Aber wenn man seinen Segen empfangen hatte und die Prozession vorüber war, dann gedachte man nicht mehr des Betens und der Heiligen, da gab sich Alles ungetheilt der Lust hin.

„Und der schlanke Marinaro in weißem Hemde und weißer Hose, die vielfarbige Schärpe um die Hüfte geschlungen, den schwarzbebänderten Strohhut auf dem Ohre, wie stolz geht er umher mit Frau und Kind in der selbstgeschaffenen Herrlichkeit!

Da tanzen flinke Eseltreiber mit ihren rothen Hängemützen die kecke Tarantella nach dem Klange des Tamburin. Da schauen schöne Weiber, reizende Mädchen drein, fröhlich plaudernd, bis das Tamburin näher und näher ertönt und mit seinem wirbelnden, schwirrenden Schalle auch sie fortreißt, in den unwiderstehlichen Rhythmus der prächtigen Tarantella.

Wie fliegen die Blicke, wie keck naht sich der schöne Marinaro der schlanken und doch üppigen Frauengestalt!

Wie weiß sie ihm auszuweichen, obgleich sie ihn zu fesseln versucht; wie zucken Leben und Liebeslust in jeder Bewegung; wie stimmt die üppige Natur und das zauberische Abendlicht wundervoll zusammen mit dem feurigen

Tanze dieser schönen Menschen! Selbst die ältesten Frauen widerstehen ihm nicht, sie begleiten mit rhythmischem Gesange den einfachen Klang des Tamburins, bis Ermüdung dem Jubel ein Ende macht.

Und — — wie ist es schön, auf der Höhe zu stehen, die hinabschaut nach Foria, dem weißen Städtchen, das heute noch die viereckigen, zinnengekrönten Wartthürme der Sarazenenzeit beschützen. Hoch auf den Lavabergen sind sie erbaut, weit hinauszuschauen in das Meer. Um sie her die schauerliche Verheerung jener Zeit, in der die Flammenströme der Erde sich auf ihre Oberfläche ergossen und sich festsetzten in wunderlichen, abenteuerlichen Gestalten.

Kein Anbau gedeiht hier, keine Saat reist in dieser Verwüstung. Nur die stachlige indische Feige drängt sich zwischen den Spalten hervor und bringt ihre unzähligen, gelben Blüthen und Früchte dar.

Und ganz nahe dabei, wo der Boden milder ist, da ziehen sich vom Fuße des Epomeo bis zum Meere herab wieder die einzelnen Villen hin. Weinranken, wohin das Auge blickt; in üppigem Grün hängt die reifende Traube. Ueber dem hohen, schwankenden Schilfrohr der Canna sehen dunkelgrüne Johannisbrodbäume und Oelbäume mit ihren silberweißen Spitzen hervor. Flammende Granaten und schneeweiße Myrthen lehnen sich um das Haus; wie ein hoher Freiheitsbaum ragt aus den scharfen, starken Blättern der mächtige Stamm der Aloe empor, seine große Blüthe dem Lichte entgegentragend. Glänzender Epheu umschlingt die Mauern und Bäume; schwankend und zart

winkt die schöne, weiße Kapernblüthe mit ihrem Violett-
geäder von den Wänden herab, und die Clematis schlingt
ihre Ranken, mit der Rose von Pästum vermischt, hinunter
zu den rothen und weißen Blumen der Oleandergebüsche!

Ach! diese Erde ist so unsäglich schön! Er muß ja
alltäglich wiederkommen der Sonnengott, wenn er sie einmal gesehen hat. Er kann nicht von ihr lassen; und weil
sie so schön ist, liebt er sie und belebt sie mit seinen erwär-
menden Strahlen. Schon sehe ich ihn im Geiste empor-
tauchen hinter dem Rücken des alten Wächters der Insel,
des starren Epomeo, der selbst erglüht unter dem Scheine
des jungen Tages. Und alle Blüthen bringen ihm ihre
süßesten Düfte dar, und alle Vögel flattern ihm entgegen,
Alles seh ich den Tag begrüßen. Nur der Mensch ruht noch
und träumt in heiligem Schlummer!

Wie müßte es sich so süß träumen lassen in der Stille
dieser kleinen Welt, wenn man das Ziel seines Strebens
in derselben erreicht hätte, wenn nicht Wünsche und Gedanken hinausflatterten in die weite, weite Ferne.

Es soll Frieden sein in der Welt, so will es Gott; und
der Frieden ist da.... aber wir verstehen ihn nicht zu
finden und nicht zu fesseln und nicht zu genießen: denn der
Friede ist die harmonische Einheit alles Erschaffenen, und
wir Menschen sind uneins geworden in uns selbst: wie
sollten wir in Einklang und in Frieden sein mit Anderen
und mit der Natur?

Wie Zugvögel fliegen wir heimathlos über die Erde,
erfreuen uns an dieser Blüthe und an jener Frucht, rasten

bald auf schattiger Matte, bald auf starrem Boden, finden manche Freude, manchen Genuß und suchen doch ewig das ewig unerreichbare Glück!

Wie kam man nur darauf, ein Wort zu erfinden für etwas, was doch Niemand kennt, Niemand wirklich erreicht und — weil man das Wort gefunden hat — doch nun ein Jeder erstrebt?

Das Glück besitzen wollen, das ist so gefährlich, als den Stein der Weisen suchen. Es hat uns Ruhe und Frieden genommen, es treibt uns rastlos durch's Leben und wir genießen das Leben nicht.

Jenseits der Wolken, sagen die Priester, da wohne das Glück; und lebensmüde, gebrochenen Herzens richtet das sterbende Auge dorthin den letzten Blick, die letzte irdische Hoffnung, und dort ...... *)

Die Bernasconi und ihre Gesellschaft hatten, bei wahrhaft fürstlicher Bewirthung auf der Villa des Prinzen Francavilla, den Abend hingebracht. Die Heiterkeit hatte sich von Minute zu Minute gesteigert; feurige Weine, feurige Augen, feurige Reden und Herzen, ... alles Gluth, Leben, Lust. Wundervoll hatte die Bernasconi ihre schönsten Arien gesungen, — herrlich hatte Amadeus auf dem Claviere und der Violine phantasirt, — göttlich schön blickte der Himmel des Südens auf die heitere, schwelgende Gesellschaft ...... als plötzlich Jomelli, der,

---

*) Fanny Lewald: „Ischia," in ihrer italienischen Reise.

um Luft zu schöpfen, nach dem Meeresufer gegangen, bleich und zerstört zurückkam.

„Jomelli!" — rief sogleich die Bernasconi, deren Falkenauge nichts entging — „was ist geschehen? Sie sind blaß wie der Tod?"

„Weil ich mit dem Tod nahe zusammengetroffen bin!" — versetzte ernst der Capellmeister.

„Wie so?" — frugen Alle.

Jomelli schwieg einen Augenblick, als ringe er nach Fassung, dann sagte er mit tief bewegter Stimme.

„Signora! — der Himmel hat uns heute ein wundervolles Fest bescheert; — Ihre Güte und die Güte des Prinzen haben Freude und Lust auf uns gehäuft, und Freude und Lust und Friede und Versöhnung hat Gott ringsum uns her über die schöne Erde gegossen. Ich weiß es, Ihr großes Herz fühlt dies, denn eine Bernasconi kann nur groß fühlen, denken und handeln. Signora! bekunden sie dies jetzt.... rufen sie einen Unglücklichen, mit sich und der Welt Zerfallenen,.... rufen Sie einen Todten in's Leben zurück!"

Die Bernasconi lachte; dann sagte sie: „Jomelli, ich kenne Sie als einen geschickten Musiker und Componisten; aber das habe ich nicht gewußt, daß Sie auch ein so famoser Schauspieler sind!"

„Er will unserer Lust eine dunkle, tragisch = komische Folie geben!" — scherzte der Prinz — „das ist klug. Ueber dem Tod und seinen Schrecken erhebt sich das Leben mit seiner Wonne um so lichter und herrlicher!"

„So lassen Sie es denn auch wieder licht und freund=
lich aus dem Dunkel des Todes aufblühen! — sagte
Jomelli ernst und doch milde. — „Ich scherze nicht,
Signora; — von Ihrer Güte, von der Seelengröße der
großen Bernasconi hängt in diesem Momente Leben
und Tod eines Menschen ab!"

„Ich verstehe Sie nicht!" — sagte jetzt unangenehm
berührt und doch von Jomelli's Worten geschmeichelt
die Sängerin.

„So will ich einfach berichten, was ich eben erlebte,
als ich — frische, kühle Luft zu schöpfen — nach dem Ufer
des Meeres ging!" — versetzte Jener.

„Nun?" — riefen Alle.

„Ich hatte dasselbe noch nicht erreicht, als ich eine
Menge Leute am Strande zusammenlaufen sah. In allen
Häusern flammten Lichter auf, Lichter schaukelten sich auf
den Barken — es mußte etwas Ungewöhnliches geschehen
sein. Ich eilte daher, von Neugierde getrieben, dem Orte
zu, und ich hatte mich nicht getäuscht. Fischer brachten
auf einer Barke die Leiche eines jungen Mannes!"

Jomelli hielt inne; über das Antlitz der Bernas=
coni aber lief eine tiefe Blässe.

„Nun!" — sagte der Prinz im gleichgültigsten Tone
— „es wird ein Fischer oder Schiffer der Insel gewesen
sein, der bei seinem Geschäfte verunglückte."

„Nein!" — rief die Bernasconi laut, aber mit dem
Tone der Ueberzeugung — „es war Caraffa!"

Alle erbebten.

„Ja!" — sagte Jomelli langsam und tief bewegt: — „Es war Caraffa!"

Eine tiefe Stille trat ein.

„Und er ist todt?!" — frug endlich die Bernasconi.

„Nein!" — fuhr Jomelli fort. — „Fischer hatten es bemerkt, wie er sich in das Meer stürzte und waren herbeigeeilt ihn zu retten. Er lebt noch.... aber, Signora, ich kenne den jungen Mann, er wird nur durch Ihre Groß= muth zu retten sein. Sein Leben und seine Zukunft, liegen in Ihrer Hand!"

Abermals tiefe Stille.

„Sein Sie großmüthig" — hob nach einer Pause Jomelli aufs Neue an — „lassen Sie mich ihm die Nachricht bringen, daß Sie morgen seinen Bitten will= fahren und auf der Probe seiner Oper singen wollen; ohne dies wird sie nicht gegeben und seine Ehre, sein Ruf, seine Zukunft sind vernichtet."

„Ich habe mein Wort gegeben, daß ich in keiner Probe der „Thisiphone" singen würde!" — entgegnete finster die Primadonna.

„Und werden Sie es halten..... wenn dadurch ein junges, hoffnungsvolles Leben dem Tode verfällt?"

Jetzt wollte es wieder wie Wetterleuchten in der Signora aufblitzen .... da ließen sich plötzlich wunderbare Töne hören, — Töne, so rein, so zart, so innig, so flehend, als schreie eine wunde Seele im Todeskampfe um Erbarmen auf zu Gott.

Es war Amadeus, der sich — bis in das Tiefste

erschüttert — weggeschlichen hatte, und nun, während
Thränen in seinen Augen standen, ein wundervolles „Kyrie
eleison“ auf der Violine hinhauchte. Und die Töne riefen
flehend, mahnend: „Herr, erbarme dich unser! Christus,
erbarme dich unser!“

Und tief, tief in der Seele der Bernasconi dämmerte
es wie Jugenderinnerung — dämmerte es wie aus jenen
Zeiten, da diese Worte noch Bedeutung für sie gehabt, —
da sie, als ein kleines, unschuldiges Mädchen, sich tief
ergriffen an die Brust geschlagen, wenn sie in feierlichem
Chore in der Kirche erschallten. „Kyrie eleison!“ —
flehte es abermals — „Christe eleison!“ — rief es,
und mit so zauberhafter Gewalt und mit so wundervoll
klaren, reinen, süßen Tönen, als ob die Engel des Himmels
es seien!

„Jomelli!“ — sagte jetzt die Bernasconi — „gehen
Sie hin, sagen sie Caraffa, daß ich seinen Wunsch erfül-
len, daß ich morgen auf der Probe und mit dem ganzen
Aufwand meiner Kunst bei der Aufführung singen werde.“

Jomelli dankte freudig, und wandte sich rasch zum
gehen.

„Aber!“ — rief ihm die Signora schon wieder hefti-
ger nach — „setzen Sie hinzu, daß ich dies nicht in Folge
seines albernen Streiches thue, sondern aus freiem Willen!“

Jomelli eilte, sich verbeugend, davon.

Als Amadeus zurückkam, drückte sie ihm schweigend
die Hand. Bald aber waren der Prinz und sie verschwunden und blieben es.

Um Mitternacht kehrte Jomelli zurück. Caraffa war noch nicht außer Gefahr, aber die Nachricht hatte ihn sichtbar gehoben, und da man ihn auf der Signora Befehl, nach der Villa des Prinzen gebracht und hier auf das sorgsamste verpflegte, durften sich die Freunde den besten Hoffnungen hingeben.

So graute der Morgen, als Jomelli und die beiden Mozart's die Rückfahrt antraten. Der leise, frische Morgenhauch berührte ihre glühenden Stirnen wohlthätig; und wie mit dem ersten Lichte in Osten die Fackeln der Fischerboote allmählig erloschen, war es ihnen, als erwachten sie aus einem schweren wunderbaren Traume.

Das Ordenskreuz.

~~~~~~

„So ist also Ihre Abreise nach Rom unumstößlich auf morgen festgesetzt?" — frug, mehrere Tage später, Jomelli, der mit Doll bei Mozarts eben eingetreten war.

„Ja!" — entgegnete der fürstlich Salzburgische Capell= meister. — „Leider können wir nicht länger in dem unver= gleichlichen Neapel bleiben."

„Dies „leider" hören wir sehr ungern und doch auch wieder gern!" — sagte Jomelli freundlich. — „Gern, weil es uns beweist, daß es Ihnen hier gefiel, und ungern, sehr ungern, weil wir daraus ersehen, daß Ihr Entschluß, uns zu verlassen, fest steht!"

„Meine Freunde!" — versetzte der Capellmeister — „vor allen Dingen habe ich, als höchste Richtschnur meines Handelns, die musikalische Carriere meines Sohnes im Auge zu behalten. In dieser Beziehung führt uns denn unser Weg über Rom nach Mailand, denn es ist Zeit, daß Amadeus seine Oper zu componiren beginnt. Ferner bietet sich uns eine treffliche Reisegelegenheit, da uns der kaiserliche Gesandte, Graf Kauniz, der ebenfalls nach Rom geht, einen seiner Wagen angeboten hat; endlich hat unser Aufenthalt in Neapel, — nachdem wir nun auch den Vesuv, Pompeji, Herkulanum und alle anderen Merkwürdigkeiten gesehen haben, — keinen Zweck mehr, denn zu Hofe kommen wir doch nicht!"

„Es ist unbegreiflich!" — sagte Doll. — „Die Königin war doch immer so artig!"

„O ja!" — rief Amadeus lachend. — „Sie grüßte immer sehr freundlich; aber dabei blieb es auch."

„Und hat sie denn gar keinen Einfluß auf den König?" — frug der Vater.

Jomelli zuckte die Achseln, dann sagte er, nachdem er sich vorsichtig umgesehen, mit gedämpfter Stimme: — „Hier regiert nur einer, und das ist glücklicherweise der Minister Tanucci; der König ist nach seiner angeborenen Natur und nach seiner Bildung der roheste unter den rohen Fischern, Jägern und Lazzaroni, mit denen er denn auch gern verkehrt und täglich umgeht; deren Sitten und Witze er sich angeeignet hat und deren Volksdialekt er redet!"

„Unglaublich!" — riefen Vater und Sohn.

„Er ist ein wilder, zügelloser, unermüdeter Jäger, — ein Fischer, der bei jedem Wetter, selbst bei furchtbar brennender Sonne im offenen Kahne aushält!"

„Und sein Vater?"

„That nie etwas für seine Erziehung. Bildung und Kunst blieben ihm vollkommen fremd."

„Aber als Regent, als König, mußte doch für seinen Unterricht gesorgt werden?"

„Es war genug, ihn zur Kirche und ihren Ceremonien anzuhalten, da war er der Seligkeit gewiß und brauchte weder menschliches Gefühl, das ihm überhaupt ganz fehlt, noch Tugend, noch Kenntnisse und Einsicht."

„Und die Königin?"

Jomelli sah sich wiederholt vorsichtig um, und erst, als er überzeugt war, daß Niemand ihr Gespräch hören konnte, versetzte er:

„Wenn Tanucci nicht wäre, würde Land und Volk diesem ausschweifenden und grausamen Weibe und ihren Liebhabern Preis gegeben sein."*)

„Schweigen wir also über diesen Gegenstand!" — sagte hier traurig Vater Mozart. — „Sie sehen, daß wir recht haben, nicht länger auf eine Einladung des Hofes zu warten. War doch der Violinist Lamotte, der in der Kaiserin Maria Theresia's Diensten steht und auf ihren Befehl und für ihre Unkosten Italien durchreist, und dem man geradezu versprochen hatte, ihn zu hören, Monate lang umsonst in Neapel. Nein, nein! die Zeit ist kostbar, wir gehen."

---

*) Geschichtlich. Näheres: „Geschichte des achtzehnten Jahrhunderts und des neunzehnten" v. F. C. Schlosser III. Bd. S. 60—72

„Sie haben recht!" — versetzte Doll. — „Nur ist es recht schmerzlich für uns, Sie zu vermissen."

„Um Gottes Willen!" — rief jetzt Wolfgang — „nur keine Abschiedsscenen! Sagen Sie mir lieber, bester Jomelli, wie geht es Caraffa?"

„Um vieles besser."

„Ist er außer Gefahr?"

„Vollkommen! — Sie wissen ja, Maestro, daß die Bernasconi Wort hielt, sowohl mit der Probe, als mit der Aufführung, in der sie die ganze Fülle und Pracht ihrer Stimme, den ganzen Glanz ihrer Schule entfaltete."

„Ja! davon war ich ja selbst Zeuge und freute mich darüber!" — sagte Amadeus.

„Dies Weib hat eben doch etwas Großes!" — fuhr Jomelli fort — „auch in ihrer Denkungsart. Aber . . . ."

„Aber?"

„Sie ist eben Primadonna, und damit ist Alles gesagt."

„Und Caraffa?"

„Er war überglücklich als er hörte, wie herrlich seine früher so erbitterte Feindin in der „Thisiphone" gesungen und daß seine Oper gefallen. Ich denke es ist der Welt dadurch ein tüchtiger Musiker erhalten worden."

„Und haben Sie von der Bernasconi schon Abschied genommen?" — frug hier Doll.

„Wir sprachen sie seit jenem Abend auf Ischia nicht mehr!" — entgegnete Vater Mozart. — „Wenn Sie uns aber auch nicht annahm, so war sie nicht minder liebevoll."

Und mit diesen Worten holte der Capellmeister ein Etuis herbei, das bei seinem Oeffnen ein reizend gemaltes Bild von Ischia zeigte.

Auch der Rahmen war von wundervoller und kostbarer Arbeit; in der Mitte des oberen Theiles aber tauchten zwei kleine Engel aus den, das Ganze schmückenden, Arabesken — zwei kleine allerliebste Engel, die ein goldenes Schildchen hielten, auf welchem die Worte standen:

„Kyrie eleison!"

„Das ist ein sehr sinniges Andenken!" — sagte Jomelli — „auf das unser Amadeus noch dazu stolz sein kann."

„Es ist mir wenigstens unendlich theuer!" — versetzte dieser und seine Blicke hingen mit Entzücken an demselben.

Freunde traten jetzt ein, dann mußten noch einige Abschiedsbesuche gemacht werden und so ging die letzte Zeit in Neapel dahin.

Aber wie leid that beiden am anderen Morgen die Trennung von der herrlichen Stadt und Gegend! Für Wolfgang war es ein Glück, daß es nach Rom und zu Giuditta ging, die er in den letzten Wochen fast vergessen hatte. Ob in Giuditta's Herz und Geist sein Bild und Andenken wohl auch so schnell vergessen war?

Nun es mußte sich ja bald zeigen! Aber die Reise war diesmal ziemlich anstrengend, denn es ging, beinahe ohne Aufenthalt, siebenundzwanzig Stunden mit Postpferden. Herr Leopold Mozart galt dabei für den Haushofmeister des kaiserlich Oesterreichischen Gesandten, Grafen

Mainz, und bekam somit überall freundliche Gesichter und gute Pferde, so wie es ihm in Rom die lästige Mauth-Visitation ersparte.

So hatten sie, bei Ankunft in Rom, in siebenund zwanzig Stunden nur zwei Stunden geschlafen. Sobald sie daher ein wenig Reis und ein paar Eier gegessen hatten, die ihnen Frau Uslinghi servirte — Giuditta zeigte sich nicht — schlief Amadeus der Müdigkeit und Abspannung auf dem Stuhle ein, und zwar so fest, daß ihn der Vater völlig ausziehen und schlafend ins Bett legen mußte. Aber auch hierbei gab er kein Lebenszeichen von sich, und als er den anderen Morgen um neun Uhr erwachte, wußte er nicht, wo er war und wie er ins Bett gekommen. *

Aber wo war Giuditta? — Der Angabe der Mutter nach, hatte sie sich nur auf wenige Tage zu ihrer Tante nach Civita Vecchia begeben; aber diese wenigen Tage vergingen und sie kam nicht zurück. Frau Uslinghi selbst erschien Amadeus weniger freundlich und es lag auf ihr und Giuditta's Abwesenheit etwas Geheimnißvolles.

Amadeus peinigte die Sache um so mehr, als er sich seit dem letzten Zusammentreffen mit dem lieben Mädchen in der Grotte der heiligen Cäcilie von Marino nicht ganz frei von Schuld fühlte; wenigstens in sofern, als er diese Zusammenkunft seinem Vater verheimlicht hatte, was ihm, bei seiner sonstigen Offenheit und Ehrlichkeit, unge mein drückte und peinigte.

---

*) Nissen: S. 213. Jahn: I. Thl., 2. Buch. S. 204.

Sollte — so dachte er jetzt oft im Stillen — dem wachsamen Auge des Vaters jener letzte Abschied doch nicht entgangen sein? Und war die jetzige Abwesenheit Giudittas und die leise Mißstimmung ihrer Mutter seine Schuld?

Wolfgang wagte nicht zu fragen; übrigens blieb ihm auch wenig Zeit dazu, so wie überhaupt sein Charakter nicht geschaffen war, derartigen Dingen lange nachzuhängen. Auch war die Stimmung des Vaters um so weniger eine erfreuliche, als er auf der letzten Station vor Rom durch einen Sturz des Wagens eine schmerzliche Verwundung am rechten Fuße davon getragen.

„Du weißt," — schrieb in dieser Beziehung der Alte unter dem 30. Juni an seine Gattin nach Salzburg, — „daß zwei Pferde und ein Postillon drei Bestien sind. Auf der letzten Post nach Rom schlug der Postillon das Pferd, welches zwischen den Stangen geht und folglich die Sedia so gut als auf dem Rücken trägt. Das Pferd stieg in die Höhe, verwickelte sich in dem mehr als spanntiefen Sand und Staube und fiel mit Gewalt nach der Seite zu Boden, riß folglich den vorderen Theil der Sedia mit sich; weil diese nur zwei Räder hat. Ich hielt den Wolfgang mit einer Hand zurück, damit er nicht hinausstürze, mich aber riß die Gewalt mit dem rechten Fuße an das mittlere Eisen des zurückfallenden Spritzleders, daß ich das halbe Schienbein des rechten Fußes fingerbreit aufriß."*)

---

*) Brief Nr. 86. Leopold Mozarts. Nissen.

Indessen heilte die Wunde rasch, was um so nöthiger
war, als der Capellmeister überhaupt diesmal nur wenige
Tage für Rom bestimmt hatte und schon wieder Einla=
dungen zu dem Kardinal Pallavicini, dem toskanischen
Gesandten Baron Saint Odile und anderen Notabili=
täten vorlagen.

Die Soirée bei dem Kardinal war ungemein glänzend.
Amadeus spielte wie immer zum Entzücken der Anwesen=
den, wurde aber auch von dem Kirchenfürsten auf die
liebenswürdigste Weise behandelt und ausgezeichnet.

„Nun!“ — sagte dieser, nachdem er sich lange mit
dem jungen Maestro über deutsche und italienische Kirchen=
musik unterhalten und von diesem Thema endlich auf die
bevorstehende Abreise desselben von Rom gekommen war,
— „der heilige Vater bedauert, wie wir Alle, Sie so bald
von hier scheiden zu sehen: aber er wünscht wenigstens
bei dieser Gelegenheit Ihnen und der Welt beweisen zu
können, wie hoch er wahres Verdienst schätzt. Seine Hei=
ligkeit haben mich daher beauftragt, Ihnen, Signore Cava=
liere, seinen Orden vom goldenen Sporn zu über=
reichen. Sie sind damit zum Ritter dieses Ordens erhoben,
und wollen dies goldne Kreuz zum Zeichen dessen tragen.*)
„Te creamus auratae militiae equitem!“

Amadeus und der Vater standen überrascht. Dem
noch nicht fünfzehnjährigen Maestro war hier dieselbe Ehre

*) Jahn: I. Theil, 2. Buch. S. 204.

widerfahren, welcher sich der damals so berühmte Gluck
zu erfreuen hatte. Neben Ritter von Gluck stand nun,
der noch so kindliche — — Ritter von Mozart.

Amadeus und sein Vater statteten, wie sich von selbst
versteht, dem Kardinal, und am andern Tage seiner Hei=
ligkeit, ihren wärmsten Dank ab. Aber wie weit waren
diese beiden edlen und einfachen Naturen von allem Stolze
entfernt! Sie freuten sich über die Auszeichnung, legten
aber keinen weiteren Werth hinein. Amadeus erwähnte
dieses Vorfalles sogar nur in einem Briefe an die Schwester
mit den leichthin scherzenden Schlußworten: „Mlle. j'ai
l'honneur d'être Votre très humble serviteur et frère:
Chevalier de Mozart!"*)

Dagegen gab etwas Anderes der ganzen Stimmung
des jungen Künstlers eine solch entschiedene Richtung, daß
er alles Uebrige: Rom, Orden, Giuditta und die
Welt darüber vergaß.... es war das endliche Ein=
treffen des Textes seiner jetzt für Mailand zu compo=
nirenden Oper: „Mithridate Re di Ponto"**) von
Vittorio Amadeo Cigna=Santi.

Amadeus war, wie durch einen Zauberschlag, ein
Anderer. Jetzt gab es keinen Gedanken für ihn mehr, als
das neue große Werk. Jetzt war selbst Italien unter

---

*) Nachschrift des väterlichen Briefes (Nr. 88.) vom 7. Juli 1770
von Rom aus.

**) Mithridates, König von Pontus.

seinen Füßen verschwunden, und kaum achtete er darauf,
daß, als er zur Abreise in den Wagen stieg, eine unbekannte
Hand ihm einen Zettel zwischen die Finger schob. In
musikalische Gedanken verloren entrollte er ihn und las:

„Wir sehen uns wieder!"

Giuditta.

Intriquen.

— — —

Es war Abend geworden und das große Kaffeehaus
am Corso orientale in Mailand füllte sich mehr
und mehr. Ein Theil der Anwesenden beschäftigte sich
mit dem Durchlesen der Zeitungen und Journale, Andere
tranken Kaffee oder Chocolade, die Mehrzahl aber rauchte
und schwatzte, und gab sich dabei dem süßen Nichtsthun,
dem dolce far niente der Italiener, hin.

Unter letzteren befand sich auch ein Mann von hervor-
stechendem Aeußern. Er war groß, schön gewachsen und
mit auffallender Sorgfalt gekleidet. Auch seine Ge-
sichtszüge hatten etwas Auffallendes, das aber keinesweges
angenehm genannt werden konnte, denn es lag ein finsterer,
unbehaglicher Ausdruck in ihnen, ein gewisses Etwas, das
ein Uebelwollen mit der ganzen Welt verkündete. Seine

Blicke waren dabei stechend und falsch, während seine
Manieren von stolzer Selbstgenügsamkeit zeugten.

Jetzt saß er mit über einander geschlagenen Beinen, die
Cigarre im Munde, in einem Winkel des Billardzimmers,
wie es schien, den Spielenden zuschauend. Waren aber
auch seine Augen auf diese gerichtet, seine Gedanken waren
es gewiß nicht; denn einem aufmerksamen Beobachter
konnte es nicht entgehen, daß es unter dieser nach oben
abgeflachten, unschön geformten Stirne leidenschaftlich
arbeite. Von Zeit zu Zeit aber zuckte ein boshaftes Lächeln um seinen Mund, — ein Lächeln, welches dann regel-
mäßig giftige, in unheimlichem Glanze aufleuchtende Blicke
begleiteten.

So mochte wohl eine halbe Stunde vergangen sein,
ohne daß sich der Ebenerwähnte — mit Ausnahme der
kleinen Handbewegungen, welche der Gebrauch der Cigarre
erfordert — gerührt hatte, als ein kleines bewegliches
Männchen eintrat, daß sich, sobald es jenen wahrgenommen,
ihm mit vertraulicher Ehrerbietung nahte.

Diese zweite Figur war in ihrer äußeren Erscheinung
von der ersteren sehr verschieden, indem schon die Kleidung
eine gewisse geniale Nachlässigkeit beurkundete. Der Rock
war fadenscheinig und auffallend befleckt, die Halsbinde
nachlässig umgeschlungen und unrein, das rabenschwarze
aber hier und da schon grau melirte, lockige Haar unge-
kämmt, der Bart schlecht rasirt. Verwitterte Züge,
pfiffige Augen und eine hohe Stirne charakterisirten dabei
das Gesicht des kleinen Mannes, und als er jetzt den in

Gedanken verlorenen, ernsten Freund anredete, geschah es mit einer heißeren, an das Krächzen eines Raben erinnernden Stimme.

„Ei, ei!" — sagte er dabei, indem er zugleich eine tiefe Verbeugung machte, — „so in Gedanken, Herr Capellmeister Fioroni?"

Der Angeredete schaute auf. Es war, als ob er aus einem Traume erwache, denn er fuhr mit der Hand über die Stirne, sah den sprechenden und dann seine Umgebung groß an, und rief endlich:

„Sieh da, Grimani!"

„Haben mich beinahe nicht erkannt."

„Ich war allerdings in Gedanken versunken."

„Doch nicht in unangenehme?"

„Der angenehmen Begebnisse gibt es jetzt wenige."

„Wie kann dies ein Mann von Ihrem Rufe sagen? — ein Mann, den ganz Mailand — o was rede ich da — den ganz Italien schätzt; — ein Mann, der als erster Capellmeister des Theatro ducale sich so viel Ruhm und Ehre erworben."

„Grimani!" — sagte der Angeredete hier, und seine Stirne legte sich in düstere Falten, während ein Zug von Bitterkeit und Hohn um seinen Mund spielte, — „es ist heutzutage eben so wenig mehr Ehre und Ruhm als Capellmeister zu verdienen, wie mit Compositionen. Wenn sich die Welt von Kindern, die noch in die Schule gehen sollten, an der Nase herumführen läßt, dann können sich die alten

verdienten und bewährten Männer pensioniren lassen oder
auf das Ohr legen."

„Verstehe, verstehe!" — krächzte Grimani, der sich
unterdessen an die Seite des Capellmeisters gesetzt und
eine Tasse Chocolade bestellt hatte, — „verstehe! Sie
meinen den vierzehnjährigen Mozart."

„Es ist eine Lächerlichkeit!" — fuhr Fioroni heftig
fort und seine Blicke schossen umher wie giftige Pfeile, —
„es ist eine Lächerlichkeit und eine Entwürdigung der Kunst,
einem Knaben die Composition einer Oper anzuvertrauen,
— und noch dazu für das Theater zu Mailand!"

Grimani zuckte die Achseln, als wolle er des Freundes
Meinung in Zweifel ziehen; aber sein lauerndes Auge
verrieth, daß es ihm nur darum zu thun sei, den Haß des
Capellmeisters gegen diesen gemeinsamen Feind noch zu
stacheln.

In der That schwoll Fioroni der Zorn. Er frug
daher mit vor Aerger zitternder Stimme:

„Oder seid Ihr vielleicht auch ein Mozartianer?"

„Der Knabe," — versetzte der Kleine bedenklich — „ist
Mitglied der Philharmonischen Gesellschaft zu Bologna.
Er ist Virtuose, Componist, Improvisator und Contra-
punktist, das läßt sich nicht läugnen."

„Das heißt, er ist von allem dem soviel als ein Wunderkind sein kann."

„Und der Enthusiasmus, der ihn durch ganz Italien
begleitet hat?"

„Ist Erguß des unserer Nation angeborenen Wohl-

wollens für ein Kind von solchen unbezweifelten Fähig-
keiten. Aber zwischen Clavierspielen, ein Bischen phan-
tasiren und componiren und der Aufgabe eine Oper zu
schreiben — hört mich wohl: ein deutscher vierzehnjähriger Junge — eine Oper für italienische Ohren — —
da liegt denn doch eine ungeheure Kluft dazwischen.“

„Das ist wohl wahr; aber....“

„Wie kann man von einem Kinde die Kenntniß des
chiaro ed oscuro*) erwarten, welche Werke für das
Theater erfordern? Ist das nicht Unsinn, Abgeschmackt-
heit, Lächerlichkeit?! Und ich soll zusehen, wie dieser
unbärtige deutsche Knabe an meiner Stelle dirigirt?!“

„Er hat aber schon Opern geschrieben.“

„Die werden auch darnach sein.... deutsche Musik!“

„Aber Bologna!“

„Ach was Bologna! Ihr seid ein Narr, Grimani,
mit Eurem Bologna! Ihr habt Euch doch wahrlich oft
genug als einen tüchtigen Componisten bewährt, gebt mir
einmal Antwort: Wie verhält es sich bei der Auffassung
des objektiven, selbsteigenen Wesens der Idee, die jeder
Leistung in den schönen Künsten zu Grunde liegen muß?
Muß hier nicht Alles auf ein, durch viele, viele Jahre
langes Studium gegründetes Wissen basirt sein?“

„Gewiß!“ — krächzte Grimani, — „auf ein Studium, das oft ein ganzes Leben voll Mühen, Sorgen,
Anstrengungen und Erfahrungen in Anspruch nimmt.“

---

*) Licht und Schatten.

„So ist es!" — sagte in gehobenem Selbstbewußtsein der Capellmeister des Theatro ducale. —

„Denn nur im Zustande des reinen Erkennens, wo dem Menschen sein Wille und dessen Zwecke, mit ihm aber seine Individualität, ganz entrückt sind, kann diejenige reine objective Anschauung entstehen, in welcher die Idee eines großen Werkes aufgefaßt wird. Eine solche Auffassung muß es aber allemal sein, welche der Conception, d. i. der ersten intuitiven Erkenntniß versteht, die nachmals den eigentlichen Stoff und Kern, gleichsam die Seele eines ächten Kunstwerks, eines genialen Bildes, einer Dichtung, eines Meisterwerkes der Musik ausmacht!"

„Recht, recht! — sehr wahr, sehr wahr!" — rief hier der kleine bewegliche Grimani, — „aber" — setzte er dann mit einem feinen diabolischen Lächeln hinzu, das seine Absicht, den Capellmeister noch immer in heftigeren Zorn zu versetzen, nur zu deutlich verrieth — „aber, die Welt behauptet, dies Alles sei dem „Genie" nicht nöthig. Das Unvorsetzliche, Unabsichtliche, ja, zum Theil Unbewußte und Instinktive, welches in dem „Genie" liege, ersetze Studium, Anstrengung, Wissen und Erfahrung!"

„Verrücktheit!" — rief Fioroni und schoß so furchtbare Blitze aus seinen Augen, daß die Kellner, die das laute Gespräch herangezogen, entsetzt zurückwichen.

Grimani indessen ließ sich nicht irre machen:

„So soll es auch bei diesem vierzehnjährigen, unbärtigen „deutschen Genie" sein!" — krächzte er weiter, seine Chocolade halb schlürfend, halb auf die Kleider träufelnd.

— „Hier herrsche so recht — posaunen die Mozartianer
in die Welt — die künstlerische Urerkenntniß; das
quelle nur so aus dem kleinen Köpfchen heraus, in dessen
Gehirn schon all das Wissen fertig daliege."

„Dann ist auch all sein Schaffen keine Kunst!" — rief
stolz der Capellmeister und richtete seine große Gestalt höher
auf. — „Dann ist und bleibt der berühmte Cavaliere
filarmonico eine Maschine .... ein Wunder, und kann
nie den Namen Künstler beanspruchen!"

„Nie, nie!" — wiederholte heißer der Componist.

„Außerdem" — fuhr der Capellmeister fort — „liegt
auch noch ein großer Unterschied zwischen der Conception
und der Ausführung. Bei der Ausführung des Werkes,
wo die Mittheilung und Darstellung des Erkannten der
Zweck ist, kann, ja muß, eben weil ein Zweck vorhanden ist,
das Wissen, die Erfahrung wieder thätig sein. Die Kunst=
mittel müssen zu den Kunstzwecken gehörig angeordnet und
angewendet werden .... wie kann das ein Kind!"

„Nun, nun!" — meinte Grimani — „mein verehr=
ter Herr Capellmeister, man darf eben das Ding doch nicht
so weit wegwerfen! Der kleine Teufelskerl von Mozart...."

„Der neugebackene Ritter vom goldenen Sporn!" —
fiel Fioroni spöttisch dazwischen. — „Gebt doch den Leu=
ten die Ehre, die ihnen gebührt."

„.... Der kleine Teufelskerl von Mozart" — fuhr
Grimani ruhig fort — „ist mit einer so famosen Pro=
ductivität als leichter Gestaltungskraft begabt. Sein
Mithridate soll eine Menge neuer Formen für den Ge=

fang und namentlich für die Begleitung haben, die im höchsten Grade ursprünglich, glänzend und verführerisch sein
sollen."

„Albernheit!" — rief hier der Capellmeister, der immer
unruhiger ward. — „Wer so etwas sagt, hat weder Verstand noch Gehör!"

Aber Grimani ließ sich nicht beirren. — „Die Art der
Cantilena," — fuhr er fort — „der Modulationen, die
Weise der Begleitung, die Mischung der Instrumente, Alles
erscheine neu in dieser Oper. Dahin gehöre namentlich die
Cabaletta, ein übermüthig schäumendes, aus lauter Stac-
catonoten gebildetes, mit brillanten Roulaben geschmücktes
Motiv, das, plötzlich auf ein Adagio folgend, die Hörer
wahrhaft hinreiße und bezaubere."

Die große Figur des Capellmeisters hatte sich erhoben.
Sie stand fast wie eine Athletengestalt vor dem schmächti-
gen, kleinen Componisten, der erstaunt und krächzend frug:

„Nun? wollen Sie auf einmal gehen, Herr Capellmeister?"

Aber dieser warf dem Kellner sein Geld hin und sagte
nur in kaltem Tone:

„Addio!"

„Aber Bester!" — rief jetzt Grimani — „ich wollte
Ihnen ja gerade einen Plan mittheilen, wie wir — diesem
deutschen Knaben gegenüber — unsere Ehre retten können!"

„Das ist etwas anderes!" — sagte Fioreni stolz. —
„Ich glaubte in der That Sie seien Mozartianer — und
mit diesen bornirten Menschen gehe ich nicht um."

Der Capellmeister setzte sich mit diesen Worten wieder nieder, befahl noch eine Cigarre, und sah dann den Componisten fragend an.

„Also meinen Plan!" — fuhr Grimani schlau blinzelnd fort. — „Nun, ich denke er ist nicht so schlecht."

„So redet, redet!"

„Aber die Ausführung wird Geld kosten."

„Mir gleich. Ich werde da nicht sparen wo es meine Ehre, ja die Ehre Italiens gilt!"

„Vielleicht etwas viel Geld!"

„Ich zahle was es kostet, sobald der Plan gut ist!"

Ueber die verwitterten Züge des kleinen unsauberen Componisten lief es hier wie Sonnenschein im Spätherbst. Geld war etwas, was er sehr liebte, viel brauchte und doch nie hatte. Jetzt lag eine Aussicht vor ihm, wie in das gelobte Land. Ein beneideter und gehaßter Feind sollte vernichtet und dabei viel Geld verdient werden. Dieser entzückende Gedanke ließ ihn einen Augenblick schweigen, so daß der Capellmeister ungeduldig mit den Fingern auf dem Tische trommelte und endlich rief:

„Nun, Grimani, den Plan .... den Plan!"

„Ja so!" — versetzte dieser, sich sammelnd. — „Nun, er zerfällt vor allen Dingen in zwei Theile."

„Und die sind?"

„Einmal muß die öffentliche Meinung unterminirt und für uns gewonnen werden."

„Und wie das?"

„Durch Bestechung."

„Aber wen wollt Ihr bestechen? Siebenachtel von Mailand schwärmen für den Cavaliere filarmonico.“

„Aber die Hälfte davon nur . . . . weil es Mode ist. Ich habe zehn Freunde, die mit mir einig sind, lauter Musiker und Componisten, alles gute Italiener, die — wenn man ihnen die Zeit vergütet, welche sie dabei verlieren — innerhalb acht Tagen die ganze Stadt überzeugen werden: daß die Musik der neuen Oper etwas Junges, Elendes und Unreifes sei; — ja, daß sich ganz Italien und namentlich Mailand schämen müsse, von einem Knaben, und noch dazu von einem Ausländer, die kindischen Erstlingsversuche aufgebunden zu haben.“

„Gut, gut!“ — meinte der Capellmeister. — „Aber werden sie's auch glauben?“

„Warum nicht?“ — rief der Kleine, eine Priese nehmend und zugleich einen Regen von Schnupftabak auf Kleider und Boden streuend. — „Das Schlechte glauben die Menschen immer lieber von Anderen, als das Gute. Dann werden ich und meine Freunde als Sachkenner, Lehrer und musikalische Orakel sprechen, und endlich wird der aufgestachelte Patriotismus auch etwas zur Sache thun.“

„Und der zweite Theil Eures Planes?“

„Der ist diplomatischer Natur und muß durch Sie, Herr Capellmeister, ausgeführt werden.“

„Durch mich?“

„Ja!“

„Und wie?“

„Ich habe mir — versteht sich gegen viel Geld — die scrittura*) der Oper, welche der junge Mozart componirt, zu verschaffen gewußt. Sind Sie nun mit mir einverstanden, so componire ich im Geheimen mehrere der Hauptarien für die Primadonna und den Primouomo. Sie, mein Verehrter, der Sie ja mit der Bernasconi und mit Santorini bekannt sind, gehen dann zu beiden, stellen sich, als ob sie in Verzweiflung über das Schicksal seien, das diese beiden Koryphäen des Gesanges erwarte, wenn sie die Arien dieses unreifen Kindes sängen; ..... bringen dann gleich meine Compositionen mit — natürlich ohne zu sagen von wem sie herrühren — und beschwören Beide, um Gottes und ihrer selbst willen, diese, statt der Mozart'schen, einzulegen."

„Und dann?"

„Nun .... dann ist die Oper verloren und der Cavaliere filarmonico mit, — trotz dem Orden vom goldenen Sporn."

„Aber wie so?"

„Weil man, kurz vor der ersten Aufführung, aussprengt, die von dem Knaben geschriebenen Arien seien so erbärmlich, so ganz unsingbar ausgefallen, daß Primadonna und Primouomo sich genöthigt gesehen hätten, heimlich andere, von einem inländischen Componisten gefertigte, einzulegen."

„Grimani!" — rief hier der Capellmeister und seine giftigen Blicke leuchteten triumphirend auf, wie die eines

---

*) Den Text.

Basilisken, — „Grimani! Ihr seid ein verflucht gescheider Satan. Der Plan ist herrlich ausgedacht und es müßte mit dem Teufel zugehen, wenn wir den vorwitzigen kleinen Maestro nicht aus dem Sattel höben und die Oper zum förmlichen Durchfallen brächten."

„Ja!" — meinte Grimani — „nur dürfen der Herr Capellmeister mit dem Gelde nicht knausern."

„Nein!" — sagte dieser stolz — „das werde ich auch nicht. Ich bin, Gott sei Dank, reich, und so kann ich etwas zur Rettung unserer und der Ehre Italiens daran=hängen. Kommen Sie morgen früh zu mir, Grimani, und sagen Sie mir, welche Summe . . . ."

Aber das Wort starb dem Capellmeister des Theatro ducale auf der Zunge, denn eben waren Vater Mozart und sein Sohn eingetreten.

Der gewürfelte Lebemann faßte sich indessen rasch; ein leiser Fußtritt machte Grimani auf die Eingetretenen aufmerksam, dann eilte Fioreni mit ausgebreiteten Ar=men auf Vater Mozart zu, und hieß diesen, wie Ama=deus willkommen.

„Das ist schön," — sagte er dabei, indem er dem einen wie dem anderen mit verstellter Herzlichkeit die Hände drückte und schüttelte — „das ist herrlich, daß meine lieben, hochgeehrten Herren Collegen einmal hieherkommen. Hätte mir doch in der That nichts Angenehmeres begegnen können."

„Auch uns freut dies zufällige Zusammentreffen sehr!" — entgegnete der Vater, der — ebensowenig wie Ama=deus — auch nur die leiseste Ahnung von der wirklichen

Gesinnung Fioroni's hatte. Im Gegentheile, die beiden ehrlichen, offenen Deutschen glaubten in dem Capellmeister des Theatro ducale einen der aufrichtigsten Freunde gefunden zu haben.

Jetzt kam auch Grimani herbei, den Fioroni dem jungen Maestro als einen seiner enthusiastischsten Verehrer vorstellte. Wolfgang, der auf solche Dinge nichts gab, war nichtsdestoweniger hier, wie immer, ungezwungen freundlich, und nahm — mit Lüge und Verstellung völlig unbekannt — was er hörte und sah für Wahrheit. So kam es, daß die beiden schlauen Italiener — Fioroni hatte es sich nicht nehmen lassen, Vater und Sohn mit einer Flasche feurigen Weines zu bewirthen — bald von der Oper alles erfuhren, was ihnen zu wissen nöthig war, ja die Unbefangenheit des jungen Maestro hätte ihnen noch tiefere Blicke in die Composition gestattet, wären jetzt nicht auch noch andere Freunde eingetreten.

Es waren ebenfalls Männer der Kunst: Sammartino, Lampugnani und Piazza Colombo — eben Diejenigen, die die beiden Mozarts auf diesen Abend hieher bestellt. Alle drei gehörten übrigens zu den aufrichtigsten und glühendsten Verehrern des jungen Deutschen. Im Feuer der Begeisterung ließen sie es daher auch nicht für Amadeus an Lob und Huldigungen fehlen, welchen sich natürlich Fioroni in pomphaften Worten anschloß, während es für einen unbefangenen Zuschauer in der That komisch gewesen wäre, zu sehen, wie der große und starke Mann mitten im Gespräche oft vor Neid die Farbe wech-

selt: und — vorzüglich an der Nasenspitze — bald blaß
bald roth wurde. Sein ohnehin ziemlich gelber Teint
nahm dabei nach und nach eine lederartige Färbung an,
während die Lippen in's Bläuliche spielten.

Aber das ist ja gerade der Fluch des Neides: daß er
sich selbst verzehrt, wie der Rost das Eisen.

Die Gesellschaft, die sehr lustig wurde, verließ erst spät
in der Nacht das große Caféhaus am Corso orientale.
Fioroni und Grimani nahmen unter den wärmsten
Freundschaftsversicherungen Abschied. Als sie sich aber
allein wußten, lachten sie laut auf und der Capellmeister
rief, halb im Ingrimm, halb voll Hohn:

„Die dummen Deutschen! Sie stecken selbst die Köpfe
in die Falle, und, bei Gott und allen Heiligen, sie sollen
sie auch nicht mehr herausziehen. Grimani, Sie componiren mir morgen — außer den besprochenen — noch
einige andere Piecen aus der scrittura des Mithridate
und zwar diese recht schlecht, ... verstehen Sie was
ich meine? .... linkisch .... unsingbar .... stümper-
haft! Ich werde Ihnen die Mühe reich belohnen. Ist das
geschehen, muß sie der Abschreiber des jungen Spornritters
copiren, damit sie mit den übrigen Abschriften von gleicher Hand sind. Dann aber werde ich dafür sorgen, daß
sie für Mozart'sche Machwerke in die Hände sachverständiger Leute kommen, und sich so, schon im voraus, ein un-
günstiges Urtheil über die zu erwartende Oper bildet.
Bei der Aufführung der ersten Oper bleibt das Haus ja
außerdem immer leer; senden wir dann unsere Leute in das

Theater und haben dabei die Bernasconi und den San=
torini auf unserer Seite, so muß sie glanzvoll durchfallen;
— ist sie aber einmal a terra *) gegangen, so ist es in
Italien aus mit dem Ruhme des Cavaliere filarmonico!"

Und Fioroni rieb sich triumphirend die Hände;
Grimani aber rief krächzend:

„Auf Morgen also!" — und Beide verschwanden in
der Dunkelheit.

---

*) Alle stella (zu den Sternen) geht — wie die Italiener sagen —
eine Oper, wenn sie vollständig siegt; a terra, wenn sie durchfällt.

Das Ungewitter.

—————

Fieroni's und Grimani's Chikanen und Intriguen blieben indessen nicht ohne Erfolg. Zwar spielte Fieroni — der stolze, angesehene, und durch seinen Einfluß mächtige Capellmeister des Theatro ducale — verdecktes Spiel, so daß ihn Leopold und Wolfgang Mozart für ihren aufrichtigsten Freund hielten; aber gerade durch sein heimliches Wirken wirkte er doppelt gefährlich.

Vater Mozart kam tagtäglich verstimmter nach Hause. Während man früher nur die kühnsten Erwartungen von dem ersten großen dramatischen Werke des Cavaliere filarmonico gehegt, griff jetzt — nach und nach — nicht nur bei Vielen ein sonderbarer Zweifel an der nöthigen Befähigung des jungen Maestre um sich: — nein, man zuckte auch über den „Deutschen" die Achsel, der den „Italienern" lehren sollte, was Musik sei: — ja, in den

letzten Tagen war es sogar Vater Mozart zu Ohren
gekommen, daß man von „unreifem Machwerk" spreche.

Man kann sich denken, wie peinlich solche Beobach=
tungen für den Vater waren und welche Bergeslast von
Sorgen sie auf seine Schultern wälzten.

Amadeus dagegen merkte von dem Allen nichts. Er
arbeitete mit eben soviel Ernst als Fleiß, und entfaltete
dabei eine solche freudige Ruhe und heitere Gewißheit, daß
nur diese beiden Dinge es waren, die den Vater noch auf=
recht erhielten. Dennoch bemächtigte sich seiner eine gewisse
Ängstlichkeit, die er früher nicht gekannt. Er fühlte den
Druck der, mit giftigen Verleumdungen geschwängerten
moralischen Atmosphäre, wie man den Druck der physi=
schen Atmosphäre bei Herannahen eines Gewitters spürt.
Sein ahnungsvoller Geist sagte ihm, daß geheime Intriguen
gegen Amadeus im Werke seien;.... aber..... er wußte
die im Finstern Schleichenden nicht zu fassen.

Mit einem Wort: die Lage war ihm so peinlich, als
unerträglich. Und doch!.... wie viel „Unerträgliches"
müssen wir Menschen ertragen lernen!

So ging es hier auch, und dabei waren ja immer die
Freundlichkeit der Primadonna und des Primonomo, der
Signora Bernasconi und des Signor Santorini,
zwei mächtige Stützen. Wer aber konnte wissen, ob diese
Stützen nicht auch zum Wanken gebracht würden?

Die letzte Frage zitterte namentlich heute in Vater
Mozart nach; denn eben war Santorini in leiden=
schaftlicher Erregung zu ihm und dem Sohne gekommen

und hatte, eine Rolle Notenblätter auf den Tisch werfend, ausgerufen:

„Cospetto di Bacco! hier muß ich doch die Wahrheit erfahren können. — Von wem ist diese Composition? — Ist es in der That eine Arie des Sifare aus der neuen Oper, für mich geschrieben?"

Amadeus, überrascht durch das brusque Verfahren des sonst gegen ihn so freundlichen Mannes, nahm die Blätter auf und blickte hinein. Aber es dauerte keine zwei Minuten, so warf er sie laut lachend von sich.

„Warum lachen Sie?" — frug Santorini.

„Weil das ein köstlicher Witz ist!" — entgegnete Amadeus.

„Witz?" — wiederholte der Sänger.

„Nun ja!" — fuhr der junge Mozart heiter fort. — „Es wird sich ein Freund den Scherz gemacht haben, mich zu parodiren."

„Sie sind gewaltig im Irrthum!" — sagte Santorini — „nicht im Scherz, sondern im bitteren Ernst ist mir...... doch noch einmal: auf Ihr Ehrenwort, junger Mann, ist diese Arie von Ihnen componirt oder nicht."

„Ich könnte Ihnen, dem großen meisterhaften Sänger, über diese Frage bei Gott bös werden!" — versetzte jetzt Amadeus.

„Also ist sie nicht von Ihnen!" — wiederholte mit scharfer Betonung der Primouomo.

„Nein!" — sagte Amadeus verdrossen — „Ehe ich

ein solch' elendes, ganz unsingbares Machwerk schriebe, biß
ich mir doch lieber alle zehn Fingern ab."

„Aber der Text ist aus Ihrer scrittura." — Wolf=
gang sah nach und bejahte es erstaunt.

„Und die Abschrift ist von der Hand Ihres Copisten."
Auch dies mußte Vater und Sohn zugestehen.

„Nun denn!" — rief Santorini — „so wird eine
niederträchtige Intrigue gegen Sie gespielt. Ich bekam
heute Morgen diesen Wisch mit folgendem Schreiben
zugeschickt.

„Schändlich!" — rief der Vater; Amadeus aber
zuckte nur lächelnd die Achseln, während Santorini das
unterdessen hervorgezogene Schreiben entfaltete und las:

    „Signore!

Ein Freund und Verehrer warnt Sie vor einer
Ihnen bevorstehenden großen Unannehmlichkeit. Sie
sollen die erste Parthie in Mithridate, Re di Ponto,
singen, jener von einem Knaben componirten Oper.
Ohne Zweifel kennen Sie aber diese schülerhafte Arbeit
nicht. Ihr Freund sendet Ihnen also hiermit die für
Sie bestimmte Hauptarie, die ihm der junge Ritter
vom goldenen Sporn, im Gefühle seliger Selbstüber=
schätzung, als ein non plus ultra großartiger Composi=
tion verehrt hat. Werfen Sie nun selbst einen Blick in
diese „sogenannte" Composition und Sie werden mit
Entsetzen vor dem Abgrunde zurückbeben, der sich vor
Ihnen aufthut. Am Besten dürfte es sein, gleich von
Anfang an Ihre Mitwirkung zu verweigern, ohne auf

Weiteres einzugehen. Ein Santorini singt eines
deutschen Knaben Schularbeiten nicht."

Santorini schwieg. Vater Mozart war außer sich,
Amadeus aber frug:

„Und die Unterschrift?"

„Ist keine vorhanden."

„Also ein anonymes Bubenstück!" — Er lächelte, setzte
sich an das Clavier und spielte eine so überraschend schöne
und neue Weise, daß selbst Santorini und der Vater
auf Augenblicke ihren Zorn und Unwillen vergaßen.

„Herrlich!" — rief jetzt der Sänger. — „Aber junger
Mann, Sie nehmen die Sache mit dem Briefe zu leicht.
Solche Spitzbüberei....."

„Muß man verachten und niederschlagen!" — rief der
junge Maestro mit dem unbefangensten Lächeln der Welt.
Und dem Primonomo einige Notenblätter hinreichend, setzte
er hinzu:

„Hier, mein Verehrtester, dies ist die von mir wirklich
für Ihre herrliche Stimme componirte Bravour-Arie.
Singen Sie dieselbe einmal."

Und, die eben begonne Weise wieder aufnehmend,
begleitete er die für jene Zeit und den damals herrschenden
Geschmack meisterhafte Composition mit seiner gewöhnlichen Gewandtheit.

Santorini war vor Entzücken außer sich. — „Wie das
für meine Stimme paßt!" — rief er ein über das andere Mal.

„Hab's auch angepaßt" — entgegnete Wolfgang
freundlich — „wie ein guter Schneider einen Rock."

„Und die Schönheit der Passagen, und die Neuheit der Gedanken!"

Und Santorini sang die Arie dreimal hinter einander — etwas Unerhörtes bei einem italienischen Primouomo. Dann umarmte er Amadeus und rief:

„So ist es recht, Maestro! Wird alles in der Oper so vortrefflich, wie diese Piece, so geht sie bei Gott und allen Heiligen alle stella!"

„Aber die infamen Intriguen!" — meinte der Vater.

„Schlagen wir durch die Oper selbst todt!" — versetzte Amadeus mit solch' freudiger Siegesgewißheit, daß die Freunde schwiegen.

Aber die Feinde thaten dies nicht. Fast zu derselben Zeit ließ sich der Herr Capellmeister Fioroni bei der Bernasconi melden.

Die „erste Primadonna Italiens" — wie sie sich selbst nannte und gern nennen hörte — war jetzt in Mailand nicht minder prachtvoll eingerichtet als kurz zuvor in Neapel; auch hatte sich sofort hier, wie dort, ein kleiner Hof um sie gebildet, während es der schönen Italienerin an Verehrern und Anbetern auch unter diesem Himmelsstrich nicht fehlte. Das Reich einer solchen Königin der Töne ist ja die weite musikalische Welt, die definitiv eroberte Hauptprovinz der Bernasconi aber war weder Neapel, noch der Kirchenstaat allein,..... sondern ganz Italien. Aber auch in ihrem Charakter, in ihren Eigenheiten und despotischen Launen war die Bernasconi noch dieselbe. Und wie wäre denn überhaupt eine Primadonna ohne die tollsten Eigenheiten und die despotischsten Launen zu denken?

Die Oper an und für sich ist „ein schönes, reizendes Ungeheuer." Fast jede Primadonna ist dies auch.

Die Oper ist das „Land des Wunderbaren." Gar mancher Sängerin gebührt eine gleiche Bezeichnung.

In der Oper vereinigen sich zumeist Fabel, Mythologie und der Zauber aller Künste, Phantasie und Magie. Ist bei Primadonnen nicht auch gar vieles fabelhaft? Sind sie nicht auch Göttinnen und Dämonen? Muß ihnen nicht auch der Zauber aller Künste dienstbar sein? Spannen sie nicht die Phantasie vor ihren Triumphwagen und herrschen mit magischer Gewalt über die Herzen der Männer. Feen- und Zaubermährchen, Schlachten und Triumphzüge, Donnerwetter und Schiffbrüche, Geister und wilde Bestien, Götter und seltene Ungeheuer, die keine Naturgeschichte kennt, umfaßt oft der Rahmen einer einzigen Oper. Umfaßt nicht das Gleiche das Herz einer Künstlerin?

Bei der Bernasconi wenigstens war dies gewiß der Fall, und Fioroni wußte es; denn er hatte sie geliebt und war kurze Zeit von ihr wiedergeliebt worden, zum Theil freilich nur aus Dankbarkeit, da er ihr — als Capellmeister — die ersten Wege des Ruhmes angebahnt. Sein Eigendünkel und Stolz traf indessen nur zu bald hart auf den Stolz und die Eitelkeit der schönen Freundin und so prallten die Herzen, Funken sprühend, von einander ab und verloren sich mit der Zeit in den unendlichen Räumen der Gleichgültigkeit.

Auch bei ihrer diesmaligen Zurückkunft nach Mai=
land erfreute sich daher Signora Bernasconi nur
eines ceremoniellen Besuches von Seiten des Capellmei=
sters. Seine jetzige Aufwartung war ihr daher um so auf=
fallender. Aber es gab doch etwas in ihrem Innern, das
noch einigermaßen für den Mann sprach, der ihre Gunst
einst besessen, und so ließ sie ihn vor.

Fioroni trat ein. Er hatte augenscheinlich heute eine
noch größere Sorgfalt wie gewöhnlich auf seinen Anzug
verwendet, der in der That reich und sehr elegant war,
und seine schöne und stattliche Figur in das beste Licht
setzte. Dem Auge freilich und den Zügen konnte er nicht
gebieten. Sie sprachen nur zu deutlich die Mißgunst und
Falschheit seines Herzens aus; ja die Mühe, die sich der
Capellmeister gab, den Ausdruck dieser Untugenden unter
einem freundlichen und wohlwollenden Lächeln zu verber=
gen, verzerrte sein Antlitz wahrhaft widerwärtig.

Der erste Eindruck, den er auf die Sängerin machte,
war daher auch kein günstiger. Eine Purpurröthe über=
flog momentan ihr schönes Gesicht: aber es war nicht der
Purpur freudiger Ueberraschung, sondern die Röthe der
Schaam, die der Gedanke auf ihre Wangen trieb: daß sie
— die große, berühmte, jetzt selbst von Prinzen angebetete
Bernasconi — einem solchen Manne einst Zeichen der
Gunst gegeben. Sich eines früheren Geliebten schämen,
heißt aber bei einer so leidenschaftlichen Seele, ihn jetzt
hassen. Denn man haßt Alles, mit dem man sich einmal
Blößen gegeben, und wäre es auch nur vor sich selbst. Die

Erscheinung Fioroni's schnürte deshalb der Bernas=
coni die Seele zu, und war sie eben noch milde gegen den
älteren Freund gestimmt, so warf sie jetzt, in beleidigtem
Selbstgefühl, den schönen Kopf mit ihrem ganzen Stolze
zurück, indem sie die in zierliche Worte gefaßte Begrüßung
kalt erwiderte.

Fioroni ließ sich indessen nicht stören. Als langjäh=
riger Capellmeister und Lebemann kannte er die Art und
Weise berühmter Sängerinnen genau genug, um mit diplo=
matischer Feinheit, ihnen gegenüber, auftreten zu können.
Mit der italienischen — schon von Frau Uslinghi so
charakteristisch hervorgehobenen — Uebertreibung verbrei=
tete sich daher der gewandte Mann vor allen Dingen über
den welthistorischen Ruf seiner einstigen Schülerin; — über
die Ehre, die sie der Mailänder Oper durch ihre Zusage
erzeugt, und die Ungeduld mit der man ihren göttlichen
Leistungen entgegensehe. Natürlich durfte dabei ein poe=
tischer Gruß des Willkomms, in Form eines Sonnettes,
nicht fehlen; denn durch Italien fliegt keine Schwalbe,
der nicht ein Sonnett zugehaucht wird.

Aber — du mein Himmel! — Götter sind an Weih=
rauch gewöhnt und Sängerinnen sind es vielleicht oft noch
mehr. Alle diese brennenden Pfeile ließen die Bernas=
coni daher unberührt. Da kam der Capellmeister in dem
Uebermaß seiner Eitelkeit und seines Selbstgefühles auf
den für ihn unseligen Gedanken: durch eine entfernte An=
spielung auf sein früheres Verhältniß mit der Primadonna,
diese günstig für sich zu stimmen. Der Schlag entschied.

Ein Blick des Haſſes traf den Unklugen, und würde ſeine
ſämmtlichen Hoffnungen zu Boden geſchmettert haben,
wäre ihm derſelbe nicht entgangen. Indeſſen konnte ihm
der harte, ſchneidende und kalte Klang der Stimme, mit
welcher die Bernasconi ihn jetzt anredete, ſchon verkün=
den, woran er war.

„Aber, mein Gott!" — ſagte ſie jetzt eiſig und mit
Ungeduld in allen Geberden — „was erzählen Sie mir da
für alltägliche Dinge. Derr Herr Capellmeiſter hat ſicher
bei ſeinem Beſuche ein anderes Anliegen auf dem Herzen.
Ich bitte daher, kommen Sie zur Sache!"

Fioroni traf hier Ton und Aufforderung faſt belei=
digend; aber er nahm ſich zuſammen und nur einer ſeiner
falſchen Blicke verkündete den inneren Unmuth, als er
ſagte:

„Nicht doch, Signora! — Wie ich für die Lorbeern
meiner dereinſtigen Schülerin ſchwärme, ſo iſt es gerade
die Sorge für deren unverwelklichen Ruf, die mich hier=
her führt."

„Ei!" — meinte die Bernasconi ſpitz — „ich glaube,
die dürfen Sie mir überlaſſen."

„Sicher!" — verſetzte Fioroni — „und doch verdient
vielleicht die Theilnahme eines älteren Lehrers, mit der er
Signora auf eine Gefahr aufmerkſam zu machen bemüht
iſt, eine etwas mildere Beurtheilung."

„Eine Gefahr?"

„Ja!"

„Und worin beſteht dieſe?"

„Erst, meine bezaubernde Königin der Töne, das Versprechen, daß Sie von dem, was ich Ihnen jetzt mittheile,
Niemanden — — hören Sie — Niemanden — —
etwas wiedersagen."

„Sie sind wahrlich langweilig, Fioroni!"

„Bitte, das Versprechen."

„Wenn ich Sie damit loswerden kann, will ich es
Ihnen geben."

„Gut." —

„Aber dann rasch."

„Signora, Sie sind in der Gefahr, Ihren ganzen Ruf
zu erschüttern."

„Und Sie" — entgegnete die Bernasconi hier zorn-
glühend — „ein Narr zu werden."

„Ja!" — antwortete der Capellmeister — „das kann
allerdings geschehen, wenn ich erleben muß, was Ihnen
droht."

„Und was droht denn so Furchtbares? — Nun so reden
Sie doch, Sie, Weisester der Weisen!"

„Sie haben die Aspasia in Mithridat über-
nommen?"

„Das weiß die ganze Welt."

„Und Sie wollen diese Rolle wirklich singen?"

„Tanzen gewiß nicht, Herr Capellmeister!"

„Und kennen Sie die Musik?"

„O ja!"

„Dieses armselige, unreife Geschreibe eines bartlosen
Knaben?"

„Sie irren; — die für mich bis jetzt von dem jungen Maestro componirten Arien sind vortrefflich."

„Signora!".

„Ich habe nie schönere und brillantere gesungen."

„Sie haben sich einnehmen lassen. Die Güte Ihres Herzens, das Neue der musikalischen Erscheinung . . . ."

„Halten Sie mich für ein Kind?"

„An Herzensgüte, ja."

„Machen Sie sich nicht lächerlich."

Aber Fioroni kam hier völlig in Extase, und ehe es die Bernasconi verhindern konnte, warf er sich auf ein Knie vor sie, faltete die Hände und rief:

„Signora! ich beschwöre Sie bei Gott und allen Heiligen, bei Ihrer Ehre und Ihrem Ruhme, hören Sie diesmal auf die Stimme Ihres früheren Lehrers, — auf die Stimme eines Mannes, der es wahrhaft gut mit Ihnen meint — — — singen Sie die Compositionen dieses Kindes nicht! Ich habe Ihnen hier dieselben Arien, nach der scrittura, mitgebracht, componirt von einem tüchtigen italienischen Meister, der aber nicht genannt sein will. Legen Sie diese ein, — und Sie sind gerettet!"

Die Bernasconi war von diesem excentrischen Benehmen und dem wunderbaren Vorschlage im ersten Augenblicke so überrascht, daß sie kaum wußte, wie ihr geschah. Aber ein Geist, wie der ihrige, war so leicht nicht zu verblenden. Einen Augenblick später und sie hatte Fioroni mit dem Tacte ächter Weiblichkeit durchschaut. Ein höhnisches, verächtliches Lächeln umspielte jetzt ihren Mund.

Ihre Gestalt hob sich, wie die einer Königin, ihre Augen aber funkelten und ihre Stirne leuchtete. So stand sie einen Moment schweigend da — groß, herrlich anzuschauen, wie eine zürnende Juno; dann aber rief sie, und ihre Stimme bebte vor Zorn und Verachtung:

„Sie sind ein Elender, den der Neid um das Verdienst dieses genialen jungen Maestro zu einem Tropf herabgewürdigt hat. Gehen Sie — — und lassen Sie sich nie mehr vor meinen Augen sehen."

Und mit diesen Worten kehrte sie ihm stolz den Rücken und verschwand in einer Seitenthüre.

Fioroni war aufgesprungen. Er war bleich, wie der Tod; in seinem Inneren aber kochte es wie doppelte Rache. Wären seine Blicke Dolche gewesen — die Bernasconi hätte in jener Stunde aufgehört zu sein.

Aber — es war ja auch noch nicht aller Tage Abend!

Evviva il maestro! evviva il maestrino!

———

Endlich war der Tag erschienen, an welchem Wolf=
gang Amadeus Mozart's erstes großes dramatisches
Werk: „Mithridates, König von Pontus" auf
dem Theatro ducale zu Mailand gegeben werden
sollte.

Ganz Mailand war in Bewegung — ganz Mailand
war in zwei Partheien getheilt: in die erwartungsvollen
Freunde des jungen Maestro und in dessen Gegner, die
indessen fortwährend, doch nur unter der Decke, intriguirt
hatten.

Wohl war die Geschichte mit der Bernasconi ruch=
bar geworden, doch erfuhr man den Namen dessen nicht,
der der Primadonna die sonderbare Zumuthung gemacht,
in Mozart's Oper, Arien einzulegen, die ein Unbekannter
componirt. Für den fürstlich Salzburgischen Capellmeister

war aber die Nachricht hiervon peinlich und beängstigend
genug; denn hatte sich auch die Bernasconi, als die
wichtigste Person, für Amadeus erklärt, und war; mit
dem Zurückweisen des zudringlichen Gegners, auch dies
Gewitter glücklich vorübergezogen, so ging doch unumstößlich aus der ganzen Sache — so gut wie bei dem Ver-
suche mit Santorini — hervor, daß eine mächtige Par-
thei unablässig gegen Wolfgang arbeite. Und was konnte
diese Partei nicht alles noch bei der ersten Aufführung
bewirken?!

Wie viel unruhiger wäre aber Vater Mozart noch
gewesen, hätte er den Haß gekannt, der seit jenem Vorfall
mit der Primadonna in dem Herzen Fioroni's gegen
diese und seinen Sohn tobte. Haß ist der Gegensatz der
Liebe; Liebe, die abnimmt oder zurückgestoßen wird, verliert
sich nach und nach in ihn, wie die abnehmende Tugend in
das Laster. Aber der Haß ist auch wieder der Vater der
Rache, zumal in Herzen, in welchen italienisches Blut
pulsirt. Und was sind Haß und Rache nicht alles fähig?
Nicht das eigene Verderben achten sie ja, wenn nur das
Verderben des Gehaßten erzielt wird; — wie die Wespen
stechen, wenn sie auch darüber Stachel und Leben verlieren.

Das Schlimmste dabei aber war, daß weder der Vater
noch der Sohn ahnte, welchen Feind sie in Fioroni hatten;
denn dieser geberdete sich vor wie nach als ihr bester Freund,
ja er ward mit jedem Tage zutraulicher und zuvorkom-
mender gegen Amadeus. Der größte Haß ist stille, so

stille, wie die tiefen Wasser; so stille, wie beglückte Liebe, die größten Tugenden und — die schlimmsten Hunde!

Indessen nahm der Vater die Begebenheit mit der Bernasconi doch als eine gute Vorbedeutung. Noch andere glückliche Vorbedeutungen trugen dazu bei, ihn etwas zu beruhigen.

Das Gesicht des Copisten strahlte nämlich vor Vergnügen, und dies war in der That ein gutes Zeichen; indem der Capellmeister wohl wußte, welch' eine bewunderungswürdige Gabe diesen Leuten eigen, die Accidenzien vorher zu schätzen, welche ihnen eine neue Oper versprach. War die Musik gut, machten einzelne Piecen furore, so verdiente damals der Copist mehr mit Abschreiben, als das Honorar für den Componisten betrug.

Somit war das heitere, leuchtende Antlitz dieses Menschen ein prächtiges Omen. Ferner hatte sich schon bei der ersten Orchesterprobe der nahe Sieg des Sohnes auf den langen Gesichtern Derjenigen abgemalt, welche Vater Mozart bis dahin mit ihren böswilligen Prophezeihungen so sehr beunruhigt. Endlich waren die Bernasconi, Santorini, Colombo, Sammartino und Fioroni — alles sachverständige Leute — von der Musik ganz entzückt.

Amadeus war dabei göttlich. Ihn kümmerte gar nichts als seine Musik! Mit welchem Ernst und unerschütterlichen Fleiß er auch bis dahin an die Arbeit gegangen, eine olympische Ruhe und Heiterkeit thronte, wenn er die Feder niedergelegt, in seiner Seele und auf seiner

Stirne. Es war dies aber keineswegs Hochmuth, Eitelkeit
oder Selbstüberschätzung, sondern ein ganz eigenthüm=
liches Bewußtsein, des wirklichen **Werthes** seiner **Schöpfung.** War doch diese ganze Erscheinung Fleisch geworde=
nes musikalisches Bewußtsein — Musik in Menschengestalt
— animalisch=lebende Musik. Was er für gut, neu, trefflich
erkannte, war es auch unfehlbar. Die Composition seines
Mithridat's, erkannte er auf seiner damaligen Bildungs=
stufe dafür, er wußte die Oper war voll Geist und Lieb=
lichkeit und erhob sich weit über die Menge der übrigen
tragischen Opern, wie man sie damals in Italien machte.

So kam es denn das Amadeus auch nicht das Fieber
kannte, welches in Componisten sonst den Tag vor einer
ersten Vorstellung zu wüthen pflegt. Seine Augen waren
klar, die Blicke ruhig und seelenvoll wie immer und auf
der Stirne thronte die Freude einer großen schönen Er=
wartung.

So kam die Zeit der Aufführung immer näher, als es
mit einemmale in einem hinteren Saale des großen Kaffe=
hauses des Corso orientale ungemein lebendig wurde. Wie
verabredet kamen fast zur gleichen Zeit Menschen aller
Stände herein — theils sich kennend und als bekannt sich
begrüßend, gruppirend, lebhaft besprechend — theils fremd
an einander vorübergehend. Die Zahl der Anwesenden
aber wuchs von Minute zu Minute; auch Frauen und
Mädchen waren darunter; doch sah man es diesen meistens
an, daß sie nicht den höheren Ständen angehörten. Es
flogen sogar hier so feurige und vielsagende Blicke, es

zeigten sich mitunter so auffallende Toiletten, die Bewe=
gungen waren bei Einzelnen so sehr ungenirt, daß dem Ur=
theil über diese Schönen jedenfalls ein sehr weiter Raum
gegönnt werden mußte.

Zwischen allen diesen Menschen durch bewegte sich aber,
geschmeidig und glatt wie eine Schlange, eine kleine Figur,
die fast mit jedem Anwesenden einige Worte wechselte.
Hier flüsternd, dort laut — hier unversehends etwas in die
Hand drückend, dort nur mit den pfiffigen Augen einen
verstohlenen Wink gebend.

So viel war gewiß, alle diese Menschen handelten in
Uebereinstimmung, oder waren doch im Begriff es zu thun;
— jedenfalls regierte alle ein Wille, ein Gedanke. Einem
lauschenden Ohre wäre es dabei nicht entgangen, daß fast
nirgends im weiten Saale von etwas anderem gesprochen
wurde, als von der heute zu gebenden neuen Oper — von
der Erbärmlichkeit ihrer Musik — von der Schmach, dem
Machwerke eines Knaben lauschen zu müssen — und —
von dem sicheren Durchfallen des „Mithridates!“

In diesem Sinne sprachen denn auch zwei sehr schöne
Mädchen, die in der einen Ecke des Locales fast vereinzelt
standen.

Die eine davon gehörte dem Chorpersonale des Theatro
della Scala an, die andere schien noch sehr fremd im Leben
und noch fremder in dieser Umgebung zu sein. Jene war
schön, aber mit Bewußtsein, diese war reizend ohne es zu
wissen. In den Blicken der kleinen Sängerin der Scala
lag der verführerische Reiz eines gefallenen Engels; in jenen

ihrer Gefährtin spiegelte sich bei kindlicher Unbefangenheit eine große Energie. Es war dies überhaupt ein prächtiges Kind — als Römerin auf den ersten Blick zu erkennen — erstrahlend in Frische, leuchtend vor Jugend und Lebens= fülle.

Sicher war dieser Mund auch für ein muthwilliges Lächeln geschaffen; aber dies schalkhafte Lächeln umspielte ihn heute nicht; im Gegentheile es lag eine gewisse Unruhe, eine ernste Besorgniß in diesen Zügen.

„Und was soll denn nun eigentlich heute Abend bei der Aufführung der neuen Oper geschehen?" — frug jetzt mit gespannter Erwartung die hübsche Tochter Rom's.

„Hat Dir dies Maestro Grimani, Dein Gesang= lehrer, nicht schon gesagt?" — versetzte die Andere.

„Nein! — Bis jetzt hab' ich ihn nur über die Musik des jungen Maestro Mozart schimpfen und ihn sagen hören, daß er die Oper zum Falle bringen würde. Gerade deshalb hasse ich ihn aber; denn ich bin überzeugt, daß es eine Lüge ist, was er sagt: Signor Amadeus componirt so göttlich schön . . . ."

„So kennst du ihn?"

„Ja, von Rom aus!" — sagte die Angeredete und kehrte sich um, um die Röthe nicht sehen zu lassen, die mit der Gluth der Leidenschaft ihr Gesicht bedeckte. Zu ihrem Glück trat in diesem Augenblick der kleine, bewegliche Mann, der bis jetzt wie eine Schlange durch die ganze Gesellschaft hingeglitten war, auch zu den beiden Mädchen. Es war Niemand anders, als Grimani selbst.

Aber seine verwitterten Züge belebten sich und seine pfiffigen Augen funkelten in sinnlichem Behagen, als er vor den beiden schönen Gestalten stand. Dann schlüpfte seine rechte Hand rasch in die Rocktasche und aus der Tasche an die Seite der Choristin, an welcher diese ihren Arm herunter hängen ließ. Die Hände berührten sich und die kleine Römerin glaubte etwas wie Gold funkeln zu sehen.

„Aber auch dafür geschafft!" — krächzte er dabei leise. Dann wandte er sich rasch der Anderen zu, kniff sie in die Wangen und sagte:

„Und Sie — meine liebe, kleine, neue Schülerin Sie werden heute Gelegenheit haben, Ihrem Lehrer einen großen Dienst zu erweisen. Ein Mädchen aber, das sich dem Theater widmet und einst als Sängerin glänzen will, muß klug sein und alles für die Gunst des Lehrers thun, von dem oft ihre ganze Zukunft abhängt. Passen Sie also auf, was Sie heute Abend zu thun haben: Sie gehen mit Ihrer Freundin hier auf die Bühne. Für Zulassung ist gesorgt. Dort finden Sie dann eine Menge anderer Damen, die ebenfalls von mir instruirt sind; auch der Herr Capellmeister Fioroni wird dort sein, um hinter den Coulissen der Aufführung beizuwohnen. Geben Sie dann acht, ... gleich bei dem ersten Auftreten der Bernasconi wird unter den Zuschauern ein Zischen, Räuspern, vielleicht sogar ein Pfeifen laut werden. Signor Fioroni wird dann, gedeckt von den Decorationen, laut auflachen. Dies ist Ihr Zeichen. Auch Sie und alle Damen um Sie — lachen laut mit, zischen und räuspern sich. Bringt nun der ganz ungewöhnliche, und bei der Bernasconi ganz unerhörte Auftritt die stolze Primadonna außer Fassung, so wird sie entweder, wüthend vor Zorn, gleich zurücktreten, und dann haben wir gewonnen —; oder aber sie singt bei ihrem kühnen energischen Wesen ihre Arie doch; dann bricht mitten in dem Gesang — auf des Capellmeister Fioroni's geheimes Zeichen — ein neues Lachen und Lärmen unter Ihnen aus, daß sofort sein Echo im Parterre und den Logen findet. Weiter brauchen wir nichts: die übermüthige Bernasconi ist alsdann gedemüthigt, die Ehre der italienischen Musik gerettet, und die Oper a terra! — Also aufgepaßt und gut gemacht und ich verspreche meiner kleinen Schülerin, daß ich und Signora Fioroni ihr in kurzer Zeit die schönste Laufbahn eröffnen werden."

„Halt!" — rief hier die kleine Römerin und ihre Augen funkelten wie die einer gereizten Löwin — — aber es war zu spät, Grimani hatte sich schon wieder unter die Masse verlorn, und diese entströmte eben jetzt, da es Zeit zur Oper war, den verschiedenen Ausgängen des Saales.

Unterdessen hatte sich auch Amadeus mit dem Vater nach dem Theater begeben. Aber in welch' verschiedener Stimmung befanden sich beide!

Wenn Vater Mozart die Oper selbst componirt — wenn seine eigene ganze Zukunft auf ihrem Erfolge gestanden, er hätte nicht erregter sein können. Wohl war er von der Trefflichkeit des Werkes überzeugt; — wohl hob ihn die Zuversicht seines genialen Sohnes, die Zusprache der Freunde .... aber der gute Capellmeister wußte auch, daß

eine Oper niemals vor der erſten Aufführung zu beurtheilen
ſei; daß ſich ein ſolches Werk bei der Aufführung oft ganz
anders mache, als man gedacht; — er kannte ferner die
Capricen des Publikums und war überzeugt, daß eine
feindlich geſinnte mächtige Partei heimlich gegen Amadeus wirke.

Das waren denn doch Urſachen genug, ſein treues, für
des Kindes Wohl ſo beſorgtes Vaterherz höher ſchlagen zu
machen. Indeſſen verbarg er ſeine Beunruhigung ſo gut
er konnte, um ſie nicht auf den Sohn zu übertragen. Aber
Amadeus.... o! er wußte nicht das geringſte von Furcht.
Aufgeregt — ungeheuer aufgeregt war er heute zwar auch
.... aber nur freudig. Seine Stimmung war eine unendlich gehobene, man könnte ſagen ſelige! Es war ihm genau
zu Muthe, wie einem kühnen Feldherrn vor einer entſchei-
denden Schlacht, den die bewährte Tüchtigkeit ſeiner
Truppen ſiegesgewiß macht.

Indeſſen waren doch Vater und Sohn ſo ſehr mit ſich
ſelbſt beſchäftigt, daß keiner von ihnen ein Wort ſprach.

Das Theater füllte ſich ungemein; — der Moment
des Anfanges war ganz nahe und eben wollte der Vater
nach ſeiner Loge, der Sohn nach ſeinem Dirigentenſtuhle
im Orcheſter gehen, als ſie in einem dunklen, unter der
Bühne nach dem Orcheſter führenden Gange von einer
verhüllten Geſtalt angehalten wurden.

„Bei Gott und der heiligen Jungfrau!" — rief ihnen
dieſe entgegen — „nur einen Augenblick!"

Vater und Sohn hielten erstaunt an; die Stimme war eine weibliche und ihnen bekannt.

„Was soll das?" — rief der Capellmeister, der daran dachte, daß sie in Italien, dem Lande der Rache und der Dolche, waren.

„Maestro Mozart ist verloren!" — fuhr die Verhüllte rasch fort, indem sie sich bemühte ihre Stimme zu dämpfen und zu verstellen.

„Warum?" — frugen beide.

„Weil sich Grimani und Fioroni mit einer Masse von Menschen verschworen haben, die Oper gleich beim Auftreten der Primadonna durch Lärm, Zischen und Lachen zu unterbrechen. Fioroni wird das Zeichen geben...."

„Wer?!" — riefen jetzt Leopold und Wolfgang Mozart wie aus einer Kehle.

„Fioroni!"

„Das ist unmöglich; er ist unser bester Freund!"

„Er wird auf der Bühne, verborgen von den Coulissen und Decorationen die Zeichen geben, wenn der Lärm dort beginnen soll. Sei er Ihr Freund oder Feind, es gibt nur ein Mittel der Rettung."

„Und das wäre?"

„Wenn der Vater hinaufeilt, sich neben Fioroni stellt und ihn nicht einen Moment außer Augen läßt."

„Der Vater?" — wiederholte Amadeus murmelnd.

„Auch die Bernasconi muß wissen, daß man sie einschüchtern und ihre erste Arie unterbrechen will."

„Recht! recht!" — rief jetzt der Capellmeister. —

„Vortrefflicher Gedanke!.... Gott lohne dir, Unbekannte, diese Warnung!" — und damit verschwand er, die Sängerin von dem eben gehörten in Kenntniß zu setzen und seinen „Freund" Fioroni aufzusuchen.

Aber Amadeus stand noch wie angewurzelt. Eine sonderbare Idee durchzuckte sein Gehirn. Die Stimme erinnerte ihn.... nein es war nicht möglich. Das Wort „Vater".....

„Aber wer bist Du?" — rief er jetzt zitternd vor Bewegung. — „Ich kenne Deine Stimme!"

„Und ich die Deine."

„So nenne Dich und nimm die Verhüllung ab."

„Erst eine Belohnung für meine Warnung."

Wolfgang griff nach der Tasche.

„Nicht so!" — rief fast beleidigt die Verhüllte. — „Ich will nur eine Antwort auf eine Frage."

„Und diese Frage wäre?"

„Trägst Du ein Amulett?"

„Ja!" — rief Amadeus und seine Hand zitterte als er Hemd und Weste aufriß und das kleine goldene Kreuz zeigte, daß er hier an einer Schnur trug.

„Gelobt sei Gott!" — rief die Gestalt. — „So darf ich nicht verzagen!"

„Giuditta!" — ertönte es aus Amadeus Munde... aber die Gestalt war verschwunden und aus dem Orchester rief man nach dem Maestro; die Oper mußte beginnen.

Wie Wolfgang nach seinem Platze gekommen, wußte er nicht. Giuditta in Mailand — — sie der Schutzgeist, der ihn umschwebte, obgleich er sie fast schon vergessen! sie, die ihn liebte und ihm vielleicht aus Liebe gefolgt war; … und dann wieder Fioroni das Haupt seiner Feinde;… Fioroni, der bis dahin so warme, begeisterte Freundschaft geheuchelt!…. und Feinde auf der Bühne und Feinde unter den Zuhörern!…. und die Bernasconi?… wird sie, die Stolze, die Kraft und den Willen haben einem maliciense angelegten Sturme zu widerstehen? Alles das wirbelte in dem Geiste des jungen Maestro's chaotisch durcheinander, daß ihm der Kopf brannte;… doch… die Schlacht war angeboten, sie mußte geschlagen werden.

Amadeus ergriff hastig den Tactirstab, der heute sein Feldherrnstab sein sollte…. ein lautes Pochen auf seinen Pult, und das überfüllte Haus war todtenstill. Ein Zeichen und die Ouvertüre begann.

Das aus sechszig Personen bestehende Orchester spielte vortrefflich, denn es spielte mit Lust. Die Ouvertüre gefiel und die Oper fing an. Jetzt aber begann das Herz des kleinen Componisten doch höher zu pochen, denn der Augenblick war gekommen, in welchem die Bernasconi als Aspasia auftreten mußte. Da erschien sie….. aber … welche großartige imponirende Erscheinung war dies!

Ein allgemeines „Ah!“ des Erstaunens durchflog das Haus. Ein schöneres Weib hatte die Mailänder Bühne nie gesehen;…. gebietendere Blicke konnte eine Königin nicht auf ihre Sklaven schleudern;…. vernichtender und doch auch unwiderstehlicher konnte kein Auge flammen. Man sah, daß diese Blicke die Feinde suchten und wie sie

über Parterre und Logen flogen, da schlugen hunderte ihre
Augen beschämt nieder und Niemand wagte auch nur einen
Laut. Und jetzt, nach einem prächtigen Recitativ, begann
die Stimme dieser Zauberin ihre große Arie. Ha! das
war nicht das altmodische, schon hundertmal dagewesene
Gegirre, mit seinen unvermeidlichen stabilen Trillern und
Rouladen,.... das war Leidenschaft, — Leidenschaft in der
Musik und Leidenschaft in Spiel und Vortrag;.... das
war eine Musik, der Natur abgelauscht;... das packte mit
der Allgewalt des Großen, Schönen, Erhabenen.

Mit der tiefsten Stille lauschte die Menge — den
Athem anhaltend — den herrlichen Tönen. Jetzt schwieg
die Bernasconi; aber in demselben Momente erhob sich
ein rasender Beifallsturm, der nicht endete, bis die Prima=
donna — jetzt vom doppelten Siege, der Musik und ihrer
Erscheinung, verklärt — die Arie wiederholte.

Fioroni stand unterdessen bleich wie der Tod neben
Vater Mozart, der seinen Arm in den des Capellmeisters
des Theatro ducale gelegt hatte. Innere Wuth verzehrte
ihn, denn nicht ein einziges Räuspern, Scharren oder
Murren hatte sich hören lassen und der verfluchte Salz=
burger hielt ihn so fest und beobachtete ihn so genau, daß
er auch nicht einmal ein Zeichen für seine hinter der Bühne
aufgestellten weiblichen Truppen geben konnte. Er war
geschlagen, trotz der großen Summen Geldes, die er geopfert,
und der Sieg seiner Feinde war gewiß.

Noch hielt er es eine kleine Weile aus; als aber der
Beifall immer lauter wurde, riß er sich endlich von Vater

Mozart los und stürzte aus dem Theater. Unglücklicher=
weise traf er aber hier auch noch mit Grimani zusammen,
den der Aerger gleichfalls herausgetrieben, und nun ent=
stand ein furchtbarer Streit, da Fioroni behauptete:
Grimani müsse das Geld, das er ihm zur Bestechung in
so reichem Maaße gegeben, unterschlagen haben. Worte
des Zornes, der Wuth und des Hasses kreuzten sich, und
es war in der That gut, daß keiner der Beiden ein Stilet
bei sich hatte, sonst würde unfehlbar Blut der Sache ein
Ende gemacht haben.

Als Fioroni endlich nach Hause kam, fühlte er sich
krank und noch dieselbe Nacht stellten sich Symtome einer
starken Gelbsucht ein. — —

Aber .... welch' ein ungeheurer Lärm erfüllt jetzt die
Räume des Theatro ducale?

Die Oper ist aus, — es ist der rasende Beifallssturm
der Menge, der aber jetzt nicht mehr der Bernasconi
gilt'— die ihre Lorbeeren schon geerntet hat --- sondern
Wolfgang Amadeus Mozart; denn unter nicht enden=
dem Händeklatschen rufen Tausende von Stimmen: „Evviva il Maestro!" — „Evviva il Maestrino!"*)

Amadeus ist selig. Er dankt und dankt wieder und
wie er das Haus verläßt, ertönt es von der Straße auf's
Neue:

---

*) „Es lebe der Meister!" — „Es lebe das Meisterchen!" Histo=
risch. Nissen S. 288. Oulibicheff I. Thl. S. 66. Jahn: I. Thl.,
2. Buch. S. 215.

„Evviva il Maestro!" — „Evviva il Maestrino!"

Kaum kann er in den Wagen steigen. Jetzt hat er den Sitz gewonnen, da noch einmal neigt sich eine Gestalt herein,.... ein Arm umschlingt ihn, ein Kuß brennt auf seinen Lippen.... er ruft „Giuditta!".... aber die Holde ist verschwunden und nur ein Blumenstrauß ruht in seinem Schooße, und auf dem Zettel, der an den Blumen befestigt ist, stehen die Worte: „Treu in Liebe bis auf Wieder= sehen!" — — — —

Das warst du, herrlicher italienischer Traum des großen Mozart. — Mithridate, Re di Ponto ging alle stelle! und als der Cavaliere filarmonico aus Italien schied, ehrte ihn Mailand mit dem Auftrage: die erste Opera seria für den Carnaval 1773 zu schreiben. Zugleich traf durch den Grafen Firmian in Mailand der Wunsch der Kaiserin Maria Theresia ein, daß Amadeus zur Feier der Vermählung des Erzherzogs Ferdinand mit der Erbprinzessin von Modena eine große theatralische Serenade*) componiren möge.

O wunderschöner Traum der Jugend, wie bald bist du verrauscht! Lächle ihm nach, himmlisches Italien, dem Meister der Töne — — — er wird noch manchmal Deiner gedenken, und selig schwärmen in der Erinnerung der Tage, die er in Dir verlebt.

---

*) Unter einer Serenade verstand man damals eine Cantate, der ein dramatisches Spiel zu Grunde lag.

Und Du, holder Schutzgeist? wirst Du ihn wieder=
finden auf kaltem nordischem Boden? — Wer wagt den
Schleier zu lüften?.... Jetzt, jetzt — zieht nur Dein Bild
mit ihm und das kleine goldene Kreuz, daß er auf seinem
Herzen trägt.

Ende des zweiten Bandes.